意识自然化的新进路

A New Approach to the Naturalization of Consciousness

成彬 著

A STUDY ON
CHALMERS' THEORY
OF
CONSCIOUSNESS

查尔默斯
的
意识理论研究

社会科学文献出版社
SOCIAL SCIENCES ACADEMIC PRESS (CHINA)

序　言

　　无论是在古代思想还是当代哲学中，心灵哲学一直以不同形态居于哲学的核心地位。无论是思辨性的灵魂观、心物观，还是基于严格方法的现象学、心灵哲学，抑或是与现代心理学、认知科学、神经科学乃至人工智能相关联的意识理论，都旨在探究人类和宇宙中最显明也最神秘的领域——心灵与意识。特别是 20 世纪 80 年代以来，各个传统的心灵哲学都蓬勃发展，一度取代了语言哲学在哲学中的中心地位，迎来了心灵哲学的黄金时代，在心灵的存在论地位、意识的本性及其自然中的地位、意向性与心理内容理论、自我与意识统一性以及与认知相关的心灵哲学问题等领域提出了极为丰富的创新理论，涌现出一大批卓有成就的心灵哲学专家。

　　在当代专攻心灵哲学的哲学家里面，大卫·查尔默斯是一位多面手，也是一个有趣的人物。一方面，他成名甚早，30 岁时就以《有意识的心灵》声名鹊起，从此在心灵哲学、语言哲学、人工智能研究领域均有建树，特别是提出了一些新思路和一些新观念，例如区分心灵哲学的难易问题和与安迪·克拉克（Andy Clark）共同提出的"延展心灵"观。他在 2022 年出版的新著《实在＋》（Reality＋）也引起广泛关注，书中的核心观点可以用第四部分的标题来概括：拟效实在是真实的（Real Virtual Reality）。顺便说一句，把"virtual reality"译为"虚拟实在"的理解和翻译在很大程度上是误解误译。

当然查尔默斯的理论基点还是意识和心灵研究。另一方面，查尔默斯当过僵尸蓝调乐队（Zombie Blues）组合的主唱，热爱摄影，与人合办颇有影响的 Philpapers 哲学文献网站，既与塞尔、丹尼特等人辩论专业问题，也乐于接受公共媒体的采访。2015 年我在牛津大学的讲座上见过他一次，他当时讲的主题是"在非空间世界中寻找空间"，我现在已经记不得他讲了什么，只记得他剪掉了飘逸的长发，这样的形象也许引发了听众更大的兴趣。

在哲学立场方面，查尔默斯接受关于外部世界的非怀疑论的实在论，在知识论上赞成理性主义，在心理内容上主张内在论，在心灵问题上坚持非物理主义，在知觉内容上持表征论观点（representationalism）。当然，查尔默斯的核心关切还是意识理论，并提出了别具一格的理论立场。在查尔默斯看来，意识既包括感觉经验、情感体验，也包括认知经验和行动经验，甚至包括自我意识，但并不等于人类智力和自我意识。为了建构一种合理的当代意识理论，查尔默斯选择了意识的自然化路向，并试图在物理主义和二元论之间开辟出一条中间道路。这条道路，在本书作者成彬博士看来，就是一方面要求克服物理主义和传统二元论的理论困境；另一方面主张融合属性二元论、罗素一元论和泛心论的理论立场，最终在修正自然主义二元论的基础上提出组成型（或构成型）罗素式泛心论。

在成彬博士对这条道路的解读中，传统的心灵自然化进路以对心灵的物理主义解释为主，主要包括还原物理主义、非还原物理主义和取消主义三种理论形态。然而，没有一种物理主义立场能够不受争议地解释心灵现象，即便从主张"同一性"的还原论弱化到主张"随附性"的非还原论，物理主义也没能在行为性或功能性的描述之外对意识问题给出充分的解释。物理主义在意识问题上的解释空白促使心灵的自然化转向二元论路径。但传统的二元论普遍带有强烈的"反科学"色彩，与自然主义的基本精神相冲突。此外，二元论的各种理论形态最终都要面临心物因果作用问题，不论是交互论、平行论还是副现象论都与心灵自然化的目标相去甚远。正是在这种理论背景下，查尔默斯提出了他的意识理论。

查尔默斯的意识理论一方面要求严肃地对待意识，另一方面要求严肃地对待科学。他首先区分了意识概念的双重内涵：一方面心理的意识与第三人称相关，涉及行为或功能的实施；另一方面现象的意识与第一人称视角相关，即主观的意识经验。这两方面既不能相互定义也不能相互同化，同时出现却不可混淆。在查尔默斯看来，心灵的自然化问题实际上就是如何将意识自然化，而真正的难题就在于如何将现象的意识自然化，因为即便对意识进行了功能性的解释，我们依旧不清楚为什么这些功能的实现会伴随着意识经验？正视意识的"难解问题"并承认哲学的意识研究的价值，是对待意识问题的基本态度和首要前提。

于是，查尔默斯意在建立一套关于意识的科学的哲学理论。传统的本体论路径所取得的成果和面临的困境，为查尔默斯探寻意识自然化的新进路指明了方向。为了避免物理主义的错误，意识的自然化必须承认纯粹的物理理论无法解释现象的意识，意识必须作为非物理的基础特征引入自然世界。为了避免传统二元论的错误，合理解释意识与物理世界的关系问题，意识的自然化必须既尊重物理领域的因果闭合原则，同时又承认心物因果作用。基于这两方面的限制因素，查尔默斯认为意识自然化的新进路应落脚于一种"自然主义二元论"。这种观点一方面主张意识是非物理的基础特征，现象属性在本体论上独立于物理属性；另一方面强调意识自然地随附于物理，现象属性按照心理物理法则合法地依赖于物理属性。在查尔默斯看来，虽然只是属性上的二元，但自然主义二元论承认现象属性的本体论地位，因此明显区别于意识自然化的物理主义路径。而这种二元论在整体结构上却又是自然主义的，尽管意识的引入拓宽了物理主义的自然世界图景，但意识作为自然现象依旧受制于基础的自然法则，世界仍然是由遵循着基础法则的基础特征所构成的网络，从而避免了传统二元论中反科学或超自然的因素。

查尔默斯的上述观点引发了心灵哲学领域的热烈讨论，同时也不可避免地受到抨击。有人指出，自然主义二元论及其所暗含的强突现论观点，始终无法摆脱意识沦为副现象的困境，严重阻碍了意识的自然化进程。查尔默斯自己也注意到，由于缺乏对物理的因果作用，意识只能作为一种额外的添加物"悬置"在物理过程之上，最终导致一幅断裂的自然主义画面。为了确保意识的因果效力同时又不破坏物理的因果闭合原则，查尔默斯结合罗素一元论即内在本质论，修正了自然主义二元论中的强突现论观点，并在此基础上发展出一种泛心论或泛原心论，即主张物理世界的内在属性本身就是现象属性或者是能构成现象属性的原现象属性。在这种意识理论中，现象属性和物理属性紧密相连：一方面，现象或原现象属性依赖于微观物理实存物的结构性或倾向性，因此意识状态离不开基础的物理结构；另一方面，现象或原现象属性是所有物理因果关系的最终范畴基础，因此意识在物理世界中有明显的因果作用。查尔默斯把这种观点称为"组成型罗素式泛心论"，既强调现象属性从微观到宏观的构成关系和继承关系即"组成型"，又强调现象属性和物理属性之间的内在本质关系即"罗素式"，从而在满足微观物理因果闭合的同时，确保意识至少间接地作用于物理世界，避免了副现象论。因此，成彬博士认为，这种泛心论观点最终描绘出一幅心灵与物理相整合的科学的世界图景，最大限度地实现了查尔默斯对科学的意识理论的构想，很可能是最终突破意识难题、实现意识自然化的最佳方案。

泛心论虽然看起来有些难以理解，但由于它坚持了经验实在论，最大限度地保留了自然科学的世界图景的完整性，有效同化心理-物理交互因果问题，也得到不少哲学家的青睐。盖伦·斯特劳森在一系列著作中同样极大扩展了泛心论的影响。甚至曾经对泛心论持保留意见的托马斯·内格尔，也在2012年出版的《心灵和宇宙》一书中赞成了某种形式的泛心论。因此，我们需要认真对待泛心论在当代意识理论乃至形而上学中的兴起——或者说复兴。这也是成彬博士这部著作的重要性所在。

成彬博士是我在中国人民大学哲学院招收的第一批硕博连通培养的学生。本书就是在她的博士学位论文基础上修订完成的著作。这部著作充分体现了成彬博士扎实的研究基础、严谨的研究态度和较高的学术水平，其论述准确细密，其文字清通可读，不仅能够推进查尔默斯意识理论的研究，对于心灵哲学的总体研究也具有较高的学术价值。在此谨祝此书出版，也希望成彬博士百尺竿头更进一步，取得更为丰硕的学术成果。

是所望焉。谨序。

韩东晖

2023 年 6 月 1 日

于中国延安干部学院

目　录

导　论

第一节　何谓"意识自然化的新进路"？

将近 400 年以前，法国哲学家笛卡尔试图用心灵与物质相会于松果腺来解决心身关系难题。如今，当我们阅读笛卡尔的《论灵魂的激情》时，或许会对此观点笑叹道：看，科学已经向前走了多远。然而在许多哲学家看来，科学并未走多远。对于心灵的科学主义研究仅仅是揭示了关于意识的易解问题，即对于功能实施的解释；但就意识的难解问题而言，迄今为止的何种科学努力都没能成功地用物理去解释感受性质，及其意识为何伴随着物理事件而发生。

本书所探讨的意识自然化的新进路，是在吸取了已有的物理主义和二元论的理论经验下，对意识难解问题作出的尝试性解释方案。当然，这条新进路至今并没有取得为哲学家及科学家所认可的实质性成果，不然我们今天也就不用对此话题再去过多地争论。但这并不影响该理论在意识问题领域的价值，甚至我们可以就其相比于其他意识自然化理论的优越性而言，认为此进路可能是最终突破意识难题、为意识在自然中找到合适位置的最佳方案。

一 何谓"意识"？

"意识"（consciousness）问题无疑是当代心灵哲学领域研究的重点之一，其神秘性也许是在我们对宇宙的科学理解的探索中，遇到的最大、最明显的障碍。对于意识的研究，在西方哲学领域可以上溯至古希腊时期由外部自然到人的内部世界的理论转向，然而纵使历时悠久，人们对于意识的理解却一直处于"隔靴搔痒"的尴尬境地。一方面，没有什么东西比之于我的意识更加真实；另一方面，也没有什么比我对意识的理解更加模糊。因此，虽然很早就有哲学家注意到意识的神秘性也希望对此有所理论建树，但由于难以找到一条恰当的研究路径，关于意识的讨论在很长一段时期都处于无人问津的回避状态。当代心灵哲学对"意识"问题的强烈关注及重新审视，是由行为主义和功能主义对于心身关系的错误阐释所引起的。20 世纪六七十年代，行为主义和功能主义在心灵哲学领域极为盛行，这一方面将物理主义推向鼎沸之势，另一方面却暴露了其理论对于心灵及意识问题无法彻底还原的缺陷，从而掀起了一股反物理主义（特别是反还原物理主义）思潮。以此为转折，意识问题才重新回归大众视野并热议至今。

托马斯·内格尔于 1974 年发表的《成为一只蝙蝠是怎样一回事？》①（以下简称《蝙蝠》）可以说是该转折点的重要标志，他在文中主要抨击了还原主义，并在论证过程中提出了意识领域的重要概念——"经验的主观性特征"（subjective character of experience）。内格尔以蝙蝠为例指出，不论是何种生物的意识经验（conscious experi-

---

① Nagel, Thomas, "What Is It Like to Be a Bat?", *Philosophical Review*, 1974, 83 (4): 435 – 450.

ence）都具有相同的特点，即对于意识主体而言有所谓的"成为那个有机体是怎样一回事"（there is something that it is like to be that organism），他认为这是意识经验的基础并将此称之为经验的主观性特征。这种经验的主观性特征无法通过想象的外推所获得，因为我们的想象所及的范围受限于我们的经验材料；而它从根本上与主体的视角相关，任何向客观性的趋近（意味着与视角的远离）都会让我们更加远离其本质，因此意识经验并不符合还原理论。内格尔所提出的这种概念，基本等同于在当今的心灵哲学和神经科学研究领域中备受关注的"感受性质"（qualia）或"现象属性"（phenomenal properties）概念，其重要性无异于发现了心灵世界的"新大陆"。尽管学者们对于感受性质的含义尚存在争论，但总体而言，感受性质代表了意识体验的核心，是使一种意识体验同另一种意识体验区分开来的特性，它无法被还原为人的行为或人脑的生理机制和功能。

与内格尔对于意识问题的重视相似，澳大利亚哲学家大卫·查尔默斯也强调我们应当严肃地对待意识问题，因为尽管当代心理学、认知科学、神经科学等学科都从不同角度推进了关于意识的研究，但意识领域依然存在扑朔迷离的未知部分。他在其著作《有意识的心灵：一种基础理论研究》①（以下简称《有意识的心灵》）中，将意识概念划分为"心理的意识"（psychological consciousness）和"现象的意识"（phenomenal consciousness）两个方面，前者涉及第三人称并作为行为的解释基础，后者涉及第一人称并作为意识经验，两者既不能相互定义也不能相互同化。从问题解决的难易程度上来看，

① Chalmers, David J. , *The Conscious Mind: In Search of a Fundamental Theory*, New York: Oxford University Press, 1996. 该书已有中译本，〔澳〕查尔默斯：《有意识的心灵：一种基础理论研究》，朱建平译，中国人民大学出版社，2012。

查尔默斯将前者称为意识的"易解问题"（easy problem），后者则是意识的"难解问题"（hard problem）。他认为现有的关于意识的解释基本属于对意识的心理方面的解释，其核心是对于认知或行为的功能实施的解释，比如意识所表现的对于信息的处理、对于刺激的反应或是对于行为的控制。这些问题涉及身体与心理之间的联系，虽然十分困难却并不神秘，在原则上能够通过科学方法和哲学分析所把握，因此相较而言属于易解问题。而意识的难解问题则与经验相关，是与感受性质相关的问题，它涉及的是心理与现象之间的联系，即现象的属性为何又如何伴随心理的属性？其之所以困难就在于，即便对意识进行了功能性的解释，我们依旧不清楚为什么经验要伴随着这些功能的实现。在查尔默斯看来，现象的意识才是"意识"概念的关键意义，而意识的难解问题才是意识研究的核心内容。查尔默斯在意识领域的研究工作引起了英美心灵哲学界的空前讨论，他对意识问题和当代科学的整合与划界值得我们深入探讨。

二 何谓"自然化"？

"自然化"或"自然的态度"属于弱的表达方式，更为正规的表达应为"自然主义"（naturalism）。当代哲学对于"自然主义"并没有十分明确的定义，自然主义作为一种哲学意识形态能够与多种理论结合，发展出各种版本、各种程度的自然主义观点。其中最为常见的一种自然主义观点主张哲学与科学的结盟，认为世界上所有实在（reality）无一例外都在自然之中，且都能够通过自然科学的方式被理解，不包含任何"超自然"（supernatural）的存在。[1] 当代绝大

---

[1] 参见 Papineau, David, "Naturalism", in Edward N. Zalta & Uri Nodelman(eds.), *The Stanford Encyclopedia of Philosophy* (Fall 2023 Edition), retrieved from https://plato. stanford. edu/entries/naturalism。

多数哲学家都乐于接受这种反对"超自然"实存物（entities）的自然主义观点，认为自然科学能够通往心灵之谜，心灵的自然化已然成为心灵哲学领域的主流视角与目标。正如泰尔所说："创立一种令人满意的关于心灵的自然主义理论被许多当代哲学家视为一项极为重要的工作。人们害怕，如果没有这样的一种理论，心灵将成为永远的谜题……"①

提及"自然主义"，人们通常会将其与"唯物主义"（materialism）或"物理主义"（physicalism）划归至一类理论。这三个概念确实有理论重叠之处，也时常被很多学者相互替换使用，但三者的内涵仍存在极为重要的差别。唯物主义与物理主义这两个概念相较而言，前者历史更为悠久，后者则是前者在当代特别是在心灵哲学领域的主要表现形式②，鉴于此，本书在阐述过程中主要采用"物理主义"一词。唯物主义与自然主义这两个概念也常被不加区分的使用，莫泽和特劳特对两者间的关系进行了总结，认为大体上存在两种主张：①相对于唯物主义而言，自然主义在本体论上是中立的，因此自然主义与二元论在逻辑上是相容的；②自然主义以唯物主义为前提，因此自然主义与二元论相排斥。他们认为当代大多数自然主义者都更倾向于第一种主张。③ 当然这种观点并不一定被大多数唯物主义哲学家所接受，他们倾向于认为自然主义以科学为榜样，而二元论者歪曲地理解了自然主义的含义。不论两方观点如何，不可否认的是，

① Tye, Michael, "Naturalism and the Mental", *Mind*, New Series, 1992, 101(403): 421.

② 当然，唯物主义与物理主义的区别不止于此，但这并非本书的讨论重点，故不多做阐述。

③ 参见 Moser, Paul K. and Trout, J. D., "General Introduction: Contemporary Materialism", in Paul K. Moser and J. D. Trout(eds.), *Contemporary Materialism: A Reader*, New York: Routledge, 1995, pp. 12 - 13。

当代自然主义心灵哲学确实是以唯物主义为主流，而唯物主义又主要表现为各种形式的物理主义，因此可以说大部分自然主义者都是物理主义者，而二元论则属于自然主义中的少数派。然而不论是对于占主导地位的物理主义而言，还是对于支持者甚少的二元论而言，如何解释心灵或将心灵纳入自然主义体系，特别是如何将意识的难解问题自然化，都是其理论研究的重点。

何谓"意识的自然化"？如前所述，我们已经清楚地认识到意识的难解问题或感受性质的特殊性，在当前分析哲学追求自然主义倾向的大环境下，将如同形而上学之谜一般的意识自然化就显得尤为棘手。简单来说，意识的自然化意味着：在本体论问题和方法论问题两个方面，以自然主义为立场阐释意识问题。更具体而言，即一方面确立意识在自然秩序中的位置（本体论）；另一方面确保对意识问题的阐释诉诸自然科学或与其一致的解释（方法论）。① 本书在行文上主要以意识自然化的本体论问题为主线，当然也会确保各理论在方法论上与自然科学相一致，从而保证意识自然化的一致性。

概而言之，意识自然化可以划分为两条本体论路径：自然主义下的物理主义路径和自然主义下的二元论路径。

三 何谓"新进路"？

物理主义的兴盛很大程度上得益于科学的进步发展，其受众范围的广泛性和坚定性源自人们对科学统一性的追求以及对物理世界因果闭合（causal closure）原则的默认。当代物理主义的主要论点可以概括为："世界上的一切都是物理的，或者如某些当代哲学家所言，一切都是附随于物理的……当然，物理主义者并不否认世界中包含许多看起

---

① 参见田平《自然化的心灵》，湖南教育出版社，2000，第 10 ~ 13 页。

来是非物理的事项，如生物的、心理的、道德的或社会性的。但他们坚持认为这些事项最终会是物理的或附随于物理的。"① 可见，对于物理主义而言，物理世界就是自然世界的全部，意识自然化的重点就在于如何恰当的用物理术语或相容于物理的术语解释意识。就对心—身问题的处理而言，物理主义大致可以划分为三大类：取消主义（eliminativism）、还原物理主义（reductive physicalism）和非还原物理主义（non-reductive physicalism）。然而物理主义对于意识的自然化却并未得到一致认可，其理论自身也受意识问题不断强化的影响，从而呈现出由"极端观点"到"强观点"再到"弱观点"的弱化过程，对心物关系的解释也从原本强的"还原性"退缩至弱的"随附性"（supervenience）。而即便是随附性也没能解决感受性质何以随附于物理现象的问题，这使得物理主义的反对者（或是质疑者）基于感受性质等问题提出了各种类型的反物理主义论证，这其中最主要的有三类：可设想性论证（the conceivability argument）、解释性论证（the explanatory argument）和知识论证（the knowledge argument），这些论证无一例外都指明：意识似乎抵制物理主义的解释。

物理主义路径的失败迫使意识自然化的视线转向了二元论路径的方向。"心灵哲学中的二元论是一种主张心灵与身体（或心灵状态②与

① Stoljar, Daniel, "Physicalism", in Edward N. Zalta & Uri Nodelman(eds.), *The Stanford Encyclopedia of Philosophy*(Summer 2023 Edition), retrieved from https://plato. stanford. edu/entries/physicalism.

② "mental states" 通常译为"心理状态"，但由于本书将查尔默斯的核心概念 "psychological" 译为"心理的"，为了区分两者故将"mental"改译为"心灵的"。因此，"心灵的"（mental）与"物理的"（physical）相对，而"心理的"（psychological）与"现象的"（phenomenal）相对。文中出现的"心灵（mental）状态""心灵（mental）事件""心灵（mental）现象""心灵（mental）属性"等概念的翻译均出于此种原因。

物理状态）具有极其不同的本质的学说"，① 这种"不同"究竟该如何表述尚且存在争议，但可以确定的是二元论否定仅用物理范畴解释意识的做法。在二元论看来，自然世界并非全然是物理世界，除此之外还存在物理原则所无法解释的部分，意识经验或者说感受性质就是其一。因此，意识自然化的二元论路径就是：一方面承认现有的物理体系及物理法则；另一方面承认存在不可还原也不可消解的心灵特征，这两部分都是世界的基础特征，共同组成了自然世界的图景。历史上，人们对于二元论的责难主要是针对心物关系问题，即意识与因果闭合的物理系统之间的关系问题，不论是交互论（interactionism）、平行论（parallelism）还是副现象论（epiphenomenalism）都没能对此给出合理的解答，因此这也成为意识自然化的二元论路径中的难点。

自然主义和属性二元论中的"一体两面"观点则联手为我们提供了新的可能性进路，在这种理论情形下：一方面，物理世界的因果闭合原则不再是解释世界的唯一准则，物理体系的不完备性为心灵与物理之间的联系提供了可能性基础；另一方面，心灵属性既依赖于物理属性同时又不可还原为物理属性，且两者同为基础属性，甚至最终可能是某种本质属性的两个方面，这为心灵与物理之间的联系提供了可行性方案。这便是所谓的"意识自然化的新进路"，这种理论借鉴了已有意识自然化进路所面临的问题，一则避免了物理主义路径的错误，承认意识无法被纯粹的物理理论所解释，意识的自然化必须是将意识作为非物理的基础特征引入自然世界；二则避

① Robinson, Howard, "Dualism", in Stephen. P. Stich and Ted. A. Warfield (eds.), *The Blackwell Guide to the Philosophy of Mind*, Oxford: Blackwell, 2003, p. 85. 该书已有中译本，〔美〕斯蒂芬·P·斯蒂克，〔美〕特德·A·沃菲尔德主编《心灵哲学》，高新民、刘占峰等译，中国人民大学出版社，2013。

免了已有二元论路径的错误，在尊重物理因果闭合原则的同时又承认心物因果作用，试图合理地解释意识与物理世界的关系问题。这条意识自然化的新进路就是查尔默斯的"自然主义二元论"（naturalistic dualism），以及在此基础上发展出的"泛心论"（panpsychism）或"泛原心论"（panprotopsychism）。

第二节　"意识自然化"的研究路向

关于意识自然化的新进路之研究，必然涉及意识自然化的理论发展脉络，其进路之"新"也必须建立在对已有意识自然化路径的理解与批判上，因此对于相关背景知识的交代就显得十分必要且颇为重要。这里主要涉及心灵哲学范畴中的三个领域：自然主义、物理主义和二元论，以下将分别对这三方面中的相关重要文献进行归纳梳理。

一　自然主义

当代心灵哲学中的自然主义思潮与 20 世纪下半叶自然主义在分析哲学领域的盛行密切相关，正如麦克唐纳所说："20 世纪下半叶的分析哲学被'自然主义转向'所统治，它的影响尤其体现在心灵哲学中。"[1] 这一理论阶段的代表人物是蒯因，他主张"自然化的认识论"，认为应在科学自身之内去描绘实在，因而哲学与自然科学在原则上没有区分，其自然主义观点主要见于《语词和对象》[2] 及《自

---

[1]　Macdonald, Graham, "The Two Natures: Another Dogma?", in Cynthia Macdonald and Graham Macdonald(eds.), *McDowell and His Critics*, Oxford: Blackwell, 2006, p. 222.

[2]　Quine, W. V. O. , *Word and Object*, Cambridge, Mass. : MIT Press, 1960.

然化的认识论》①。逻辑实证主义者（或逻辑经验主义者）对于心理学之科学地位的确立，如亨普尔的《心理学的逻辑分析》②，则进一步推进了心灵的自然化运动。

发展至今，英美学界对于自然主义的研究已十分广泛，这其中涉及自然主义与心灵范畴的文献则主要集中在以下几部。帕品纽的《哲学自然主义》③ 分三部分论述了自然主义下的物理主义、心灵及知识问题，他在阐述过程中主张一切自然现象最终都是物理的，并认为意识并不会对物理主义造成威胁，可见他的理论倾向于一种以经验科学阐释心灵的自然主义而反对二元论及认识的内在论。奥拉夫森的《自然主义与人类条件：反科学主义》④ 则力图指出现有自然主义（主要指以科学主义或物理主义为代表的自然主义）中的某些原则性主张是错误的，他认为自然主义与二元论不仅存在理论对抗，更处于一种相互依赖的复杂联系中。奥拉夫森指出，强硬的自然主义（hard naturalism）完全歪曲了最根本的关于人类本性的事实，我们应当同时借鉴二元论以及自然的态度（natural attitude），因为人类观念的内核不仅仅是神经元功能的副产品，而是整个科学以及人类生活和文化的基础。卡罗和麦克阿瑟主编的选集《自然主义问题》⑤

① Quine, W. V. O. , "Epistemology Naturalized", in *Ontological Relativity and Other Essays*, New York: Columbia University Press, 1969, pp. 69 – 90.

② Hempel, Carl G. , "The Logical Analysis of Psychology", in Ned Block(ed.), *Readings in Philosophy of Psychology*, Vol. 1, Cambridge, Mass. : Harvard University Press, 1980.

③ Papineau, David, *Philosophical Naturalism*, Oxford: Blackwell, 1993.

④ Olafson, Frederick A. , *Naturalism and the Human Condition: Against Scientism*, New York: Routledge, 2001.

⑤ Caro, Mario De and Macarthur, David(eds.), *Naturalism in Question*, London: Harvard University Press, 2004.

对自然主义进行了分类探讨，两人在导言中将当代自然主义划分为"科学自然主义"（scientific naturalism）和在形式上更加"自由或多元"（liberal or pluralistic）的自然主义。这两者不论在本体论上还是方法论上都不尽相同，就本体论而言，前者预设了唯物主义的本体论，而后者则逻辑地相容于二元论。除了上述著作外，泰尔的《自然主义与心灵》①一文也对心灵与自然主义的关系问题进行了探讨，他认为心灵不是超越人类理解的非自然的实在，心灵在自然世界中有其位置。然而许多哲学家则认为，一种正确的心理自然主义（psychological naturalism）应指明心灵状态的各种类型都有非心灵的科学本质，或指明我们的心灵观念可以被消解即被还原的分解。泰尔反对这种观点，他此文的目的就在于批判这种通过类型的还原和分解（type reduction and analysis）从而将心灵自然化的主流解释。

综上可见，自然主义内部可以划分为多个流派，对于自然主义和二元论之间的关系也存在截然不同的态度。查尔默斯的自然主义二元论试图将意识置于自然秩序中，从而构成一幅心灵与物理相整合（integration）的世界图景，这显然是对自然主义和二元论的调和。

二　物理主义

当代自然主义心灵哲学主要表现为各种理论形式的物理主义，为方便文献梳理，在此按照物理主义对于心灵问题的处理方式大致划分为三大类：还原物理主义、非还原物理主义和取消主义。

1. 还原物理主义

还原物理主义主要以行为主义（behaviorism）、同一性理论（iden-

---

① Tye, Michael, "Naturalism and the Mental", *Mind*, New Series, 1992, 101(403): 421 – 441.

tity theory）及还原论的功能主义（reductive functionalism）为代表。

行为主义的理论体系十分庞杂，其理论核心可以概括为：一切关于心灵的叙述实际上都是关于身体行为或预言行为倾向的叙述，这种理论实际上是逻辑实证主义处理心灵语词的方式。一般认为赖尔的《心的概念》①一书直接导致了行为主义的产生（当然赖尔本人否认他将心灵还原为行为）。另外，维特根斯坦关于心灵观念的论述（包括甲虫、头疼等反私人语言例证）也常被行为主义视为其理论支撑，这些论述见于他的著作《哲学研究》②中，而其观点究竟在多大程度上与行为主义相一致则尚有争论。

对行为主义的批判主要是基于该理论忽略了心灵状态及其与行为的关系，而对内部的心灵状态的关注则直接引发了各种形式的同一性理论的产生。这其中，还原物理主义的同一论主要是指心脑同一论，对于该主张的阐释见于斯马特的《感觉和大脑过程》③一文，他以疼痛就是大脑中某种 C - 纤维的激活为例，指出心灵状态实际上就是大脑中的某种神经生理状态，两者间是类型同一（type identity）的。对于这一问题的讨论还可以参见普赖斯的《意识是大脑过程么？》④一文。

同一性理论在 20 世纪 60 年代进一步发展为还原论的功能主义，主要指阿姆斯特朗—刘易斯这一分支，也可称为概念功能主义（conceptual functionalism）。他们对心灵进行语义上的分析，认为对心灵概念的正确分析应该诉诸心灵概念的因果功能分析，而功能属性就被

---

① Ryle, Gilbert, *The Concept of Mind*, London: Hutchinson, 1949.

② Wittgenstein, Ludwing, *Pilosophical Investigations*, G. E. M. Anscombetrans. , Oxford: Basil Blackwell, 1953.

③ Smart, J. J. C. , "Sensations and Brain Processes", *Philosophical Review*, 1959, 68(2): 141 - 156.

④ Place, U. T. , "Is Consciousness A Brain Process?", *The British Journal of Psychology*, 1956, 47(1): 44 - 50.

等同于低阶的物理实现者（并非高于物理实现者的抽象的高阶属性，因而区别于角色功能主义）。因此，心灵状态既与行为保持着概念联系，又在经验上等同于神经生理状态，这实际上是同一论的进一步延伸。这种主张见于阿姆斯特朗的《心灵的唯物主义理论》① 以及刘易斯的《疯子的痛和火星人的痛》②。

受心灵哲学领域对还原论与物理主义关系的反思的影响，自 20 世纪 60 年代中后期起，还原物理主义的影响力逐渐衰退。

2. 非还原物理主义

非还原物理主义的主要代表有普特南—福多版功能主义、突现论（emergentism）以及戴维森版殊型同一论（token identity）。

20 世纪 60 年代中期起，同一性理论一方面受到来自心灵的多重可实现性（multiple realizability）的批判，另一方面克里普克（Saul A. Kripke）对同一性和必然性关系的全新阐释也严重打击了同一性理论的基础。这两方面批判促使了功能主义另一重要分支的产生，即普特南—福多版本的机器功能主义（machine functionalism），我们通常所说的"功能主义"主要指这一流派。该理论主张"心灵就是大脑内的计算机"，也就是说心灵与大脑的联系在某种程度上类似于计算机程序与其执行硬件的联系，这种理论最先由普特南在其著名的《"意义"的意义》③ 一文中讨论计算机时提出，后经福多在《心灵

① Armstrong, D. M. , *A Materialist Theory of the Mind*, London: Routledge and Kegan Paul, 1968.

② Lewis, David, "Mad Pain and Martian Pain", in Ned Block(ed.), *Readings in the Philosophy of Psychology*, Vol. 1, Cambridge, Mass. : Harvard University Press, 1980, pp. 216 – 222.

③ Putnam, Hilary, "The Meaning of ' Meaning' ", in Keith Gunderson(ed.), *Language, Mind, and Knowledge,* Minnesota Studies in Philosophy of Science, Vol. 7, Minneapolis: University of Minnesota Press, 1975, pp. 131 – 193.

的模块》① 等著述中详细阐明。机器功能主义构成了人工智能的基本理论假定，但同时也引发了诸多批评，其中最为著名的是塞尔的"中文屋"（Chinese room）思想实验②，他指出功能程序虽然满足句法要求，却缺乏语义理解。

突现论的最基本主张是认为属性的产生有两种形式，一种是生成（resultant），另一种是突现（emergence），而心灵属性就是从物理系统中突现出的新异属性。一般认为亚历山大在《空间、时间和神》③ 中阐述的突现论观点最接近于非还原物理主义。当代突现论在概念划分上更为细致，如贝多在《弱突现论》④ 一文中区分了强突现论和弱突现论，克兰则在《突现的重要性》⑤ 一文中区分了突现属性、可还原属性和非还原属性。突现论在当代不仅服务于物理主义，某些类型的突现论还与二元论相结合，查尔默斯在《论强突现和弱突现》⑥ 一文中具体论述了这种观点。

戴维森的殊型同一论主张心身之间是殊型同一关系，即心灵事件和物理事件是个例上的同一，他否认还原论所要求的心灵事件与物理事件之间的关联法则（correlating laws），因此其理论又被称为

---

① Fodor, Jerry, *The Modularity of Mind*, Cambridge, Mass. : MIT Press, 1983.

② Searle, John, "Minds, Brains, and Programs", *The Behavioral and Brain Sciences*, 1980, 3(3) : 417 – 457.

③ Alexander, Samuel, *Space, Time, and Deity*, London: Macmillan, 1920.

④ Bedau, Mark A. , "Week Emergence", *Philosophical Perspectives*, 1997, 11: 375 – 399.

⑤ Crane, Tim, "The Significance of Emergence", in Carl Gillett and Barry Loewer (eds.), *Physicalism and Its Discontents*, Cambridge: Cambridge University Press, 2001, pp. 207 – 224.

⑥ Chalmers, David J. , "Strong and Weak Emergence", in P. Clayton and P. Davies (eds.), *The Re – Emergence of Emergence*, New York: Oxford University Press, 2006.

"反常一元论"（anomalous monism），相关论述主要见于《心灵事件》① 一文及其著作《论行动与事件》②。对这种理论的最主要质疑来自金在权，他在《心灵哲学》（第三版）③ 中较为详尽地考察了上述三类非还原物理主义，并通过排他性论证（exclusion argument）和随附性论证（supervenience argument）指出，非还原物理主义不是一个稳固的立场，它要么坍缩为副现象论，要么坍缩为还原物理主义。

尽管非还原物理主义力图规避还原论的错误，但仍无法应对来自感受性质和意向性的挑战，并最终因为理论的折中性而顾此失彼。

3. 取消主义

取消主义属于一种更为极端的物理主义，该理论认为不存在什么必须还原为物理的东西，因为根本就不存在意向状态，像信念、愿望等常识心理学（commonsense psychology）的内容都可以取消。就如"燃素"最终不是被还原为任何更为根本的东西而是被取消一样，常识心理学也不能还原为神经科学，而最终会被完善的神经科学所取代。丘奇兰德夫妇是上述观点的主要支持者，其论证详见于保尔·丘奇兰德的《取消式唯物主义和命题态度》④ 以及帕特里夏·丘奇兰德的《神经哲学》⑤。斯蒂奇对常识心理学持一种更强的取消主义态度，认为认知科学中没有常识心理学的位置，他在《从常识

---

① Davidson, Donald, "Mental Events", in Lawrence Foster and Joe W. Swanson(eds.), *Experience and Theory*, London: Duckworth, 1970.

② Davidson, Donald, *Essays on Actions and Events*, 2nd ed. , Oxford: Oxford University Press, 2001.

③ Kim, Jaegwon, *Philosophy of Mind*, 3rd ed. , Boulder: Westview Press, 2011.

④ Churchland, Paul, "Eliminative Materialism and the Propositional Attitudes", *The Journal of Philosophy*, 1981, 78(2) : 67 – 90.

⑤ Churchland, Patricia, *Neurophilosophy*: *Toward a Unified Science of the Mind – Brain*, Cambridge, Mass. : MIT Press, 1986.

心理学到认知科学：反信念论》①　一书中对这种观点进行了辩护。

取消主义对于常识心理学的全盘拒斥引起了常识心理学捍卫者的强烈抗议，见于霍根和伍德沃德的《常识心理学不会消失》②。而查尔默斯等更多学者则直接指出，取消主义明显有违人们关于意识经验存在的原初感受。③

三　二元论

受物理主义在意识问题上的解释空白的影响，当代自然主义心灵哲学逐渐吸取二元论的理论主张，发展出另一条意识的自然化路径。自笛卡尔提出其身心二元论以来，二元论在每一时期都结合其时代背景逐步演化出各种形式，因而也就存在多种划分方式。为了与本书的论述思路相连贯，在此我们以对心物关系的不同处理方式，将二元论分为交互论、平行论以及副现象论，并对相关文献进行梳理。

1. 交互论

交互论的主要代表为笛卡尔的身心二元论，他认为人的身体和心灵是彼此独立的两种不同实体（substance），身体不能思想，而心灵则没有广延，不占据任何空间；同时，身体与心灵之间可以发生因果作用，物理事件可以激发心灵事件，反过来心灵事件也能引发

---

① Stich, Stephen, *From Folk Psychology to Cognitive Science: The Case Against Belief*, Cambridge, Mass. : MIT Press, 1983.

② Horgan, Terence and Woodward, James, "Folk Psychology is Here to Stay", *The Philosophical Review*, 1985, 94(2): 197 – 226; reprinted in William G. Lycan(ed.), *Mind and Cognition: An Anthology*, Oxford: Blackwell, 1990.

③ Chalmers, David J., *The Conscious Mind: In Search of a Fundamental Theory*, New York: Oxford University Press, 1996, pp. xii, 164.

新的物理事件。笛卡尔在其《第一哲学沉思集》① 一书中详细阐述了上述观点。然而，笛卡尔的理论中存在明显的矛盾，我们很难说明两种完全不同的实体如何能够发生相互作用，后续学者对于这个问题的不同回答就形成了不同版本的二元论。在与量子力学的结合下，交互论在当代焕发出新的生机。其中，对于量子力学的意识—坍缩（collapse）解释被查尔默斯视为一种有希望的意识理论，这种解释主要见于魏格纳的《对心—身问题的评论》②、霍奇森的《心智问题：意识与量子世界的选择》③ 以及斯塔普的《心灵、物质和量子力学》④。

2. 平行论

平行论同意笛卡尔对于物质与心灵的二元划分，但该理论否认两者相互间的因果作用，而认为物理事件与心灵事件的序列间是平行的。平行论者也认同物理事件与心灵事件是共变的，但他们认为这种共变并非基于身心交互，而是基于实体的同一性或由上帝来保证的。关于平行论的具体论述见于斯宾诺莎的《伦理学》⑤ 以及莱布尼茨的《单子论》⑥。平行论还可以进一步变种为偶因论（occasional-

① Descartes, René, *Meditations on First Philosophy*, John Cottinghamtrans. , Cambridge: Cambridge University Press, 1986.

② Wigner, Eugene P. , "Remarks on the Mind – Body Question", in I. J. Good(ed.), *The Scientist Speculates*, London: Heinemann, 1961, pp. 284 – 302.

③ Hodgson, David, *The Mind Matters: Consciousness and Choice in a Quantum World*, Oxford: Oxford University Press, 1991.

④ Stapp, Henry P. , *Mind, Matter, and Quantum Mechanics*, Berlin: Springer – Verlag, 1993.

⑤ Spinoza, Benedictus de, *The Ethics*, in Edwin Curley(trans. and ed.), *The Collected Works of Spinoza*, Vol. 1, Princeton: Princeton University Press, 1985.

⑥ Leibniz, Gottfried Wilhelm, "Monadology", in Mary Morris and G. H. R. Parkinson (trans.) and G. H. R. Parkinson (ed.), *Leibniz: Philosophical Writings*, London: J. M. Dent and Sons, 1973, pp. 179 – 194.

ism），上帝在这种理论中对于事件序列的作用更加积极，可以同时对两方面的事件作出调整，使它们仿佛存在因果关系。相关论述可参见马勒伯朗士的著作《关于形而上学和宗教的对话》①。由于平行论趋向于借助有神论的理论架构，因此基本退出了当代心灵哲学的舞台。

3. 副现象论

对于心物因果关系的另一种解释诉诸副现象论，副现象论一方面承认物理世界的因果闭合性，另一方面承认物理事件可以产生心灵的结果。但心灵事件不能引起物理事件，心灵事件只是物理事件的"副产品"。可见，副现象论并不承认从心灵事件到物理事件的下向因果关系（downward causation）。对于副现象论的讨论主要见于布罗德的代表作《心灵及其在自然中的位置》②，此外，杰克逊进一步将副现象论转向属性层面，并在《副现象的感受性质》③ 一文中具体阐述了副现象论所面对的主要质疑及其对此的回应。查尔默斯的自然主义二元论同样也面临副现象论问题，对此他持一种中立态度。

第三节 "新进路"的研究进展

在意识自然化的丰富背景下，本书力图探讨融合了自然化趋势，

---

① Malebranche, Nicholas, *Dialogues on Metaphysics and Religion*, David Scott trans. and Nicholas Jolleyed. , Cambridge: Cambridge University Press, 1997.

② Broad, C. D. , *The Mind and Its Place in Nature*, London: Routledge and Kegan Paul, 1925.

③ Jackson, Frank, "Epiphenomenal Qualia", *The Philosophical Quarterly*, 1982, 32 (127): 127 – 136.

并借鉴了二元论形态的意识自然化的新进路，以及这种理论所暗含的泛（原）心论倾向。查尔默斯作为这条新进路的践行者，本书将重点论述其自然主义二元论及泛心论或泛原心论观点，同时引鉴其他权威学者对此的评述，从而更加全面和客观地考察查尔默斯的意识理论。

一　自然主义二元论

查尔默斯在意识问题上提出了两个重要理论：意识的难解问题和自然主义二元论。关于这两个问题，查尔默斯曾在多篇著述中进行了详细的阐明论证，本书的相关论述主要参考下列文献资料。[①]

1. Chalmers, David J., "Facing Up to the Problem of Consciousness", *Journal of Consciousness Studies*, 1995, 2 (3)：200 - 219. [②]

查尔默斯的这篇文章可以看作其代表作《有意识的心灵》的精简版。文章前半部分概述了物理主义对意识难解问题的各种处理方案及其问题，包括引入额外的认知科学研究、寻求意识的神经关联物等。由此查尔默斯指出意识需要一种非还原的解释形式，即自然主义二元论。文章后半部分勾画了自然主义二元论的理论框架，并重点论述了作为意识理论基石的三条心理物理法则：结构一致性原则、组织不变性原则、信息两面论。

2. Chalmers, David J., *The Conscious Mind：In Search of a Fundamental Theory*, New York：Oxford University Press, 1996.

查尔默斯关于意识问题的主要见解系统性地呈现于这部著作中。

---

① 查尔默斯在心灵哲学领域的著作颇为丰富，本书在此只选取相关文献著作，关于他的全部研究成果，详见其个人网站 https：//consc. net/chalmers/。

② 该文章中文版参见高新民、储少华主编《心灵哲学》，商务印书馆，2002，第360 ~ 395 页。

全书由四部分组成：第一部分介绍了与意识相关的基础概念并区分了意识的难解问题与易解问题；第二部分作者讨论了意识的不可还原性问题，并认为一种满意的意识理论必须是一种新的非还原的形式，即一种自然主义的二元论；第三部分中查尔默斯从正面讨论了意识基本理论的可能形态，意识与信息之间的联系，以及这种理论背后的形而上学形态；最后一部分用他自己的话形容就是"餐后甜点"，介绍了强人工智能和量子力学的解释问题。

3. Chalmers, David J., "Moving Forward on the Problem of Consciousness", *Journal of Consciousness Studies*, 1997, 4 (1): 3 – 46. Reprinted in JonathanShear (ed.), *Explaining Consciousness: The Hard Problem*, Cambridge, Mass.: MIT Press, 1997, pp. 379 – 422.

在《直面意识难题》一文发表后，约有 26 篇围绕意识难解问题及自然主义二元论展开讨论的文章发表于《意识研究杂志》。这篇文章是查尔默斯针对上述评论文章的答复，在其中的"副现象论及交互论"一节，查尔默斯具体回复了霍奇森、西格尔（William Seager）等人对自然主义二元论可能沦为副现象论的担忧，并具体分析了量子交互作用论及罗素一元论这两种避免副现象论的策略。"基础心理物理理论"一节探讨了其他学者关于泛心论的建议，以及泛心论所面临的"组合问题"。

4. Chalmers, David J., "Materialism and the Metaphysics of Modality", *Philosophy and Phenomenological Research*, 1999, 59 (2): 473 – 496.

这篇文章也是查尔默斯对评论者的回复。在关于《有意识的心灵》的研讨会上，Chris Hill、Brian Loar、Sydney Shoemaker、Stephen Yablo 等人从不同角度对查尔默斯在书中建构的意识理论提出质疑。对此，查尔默斯在这篇文章中分别就逻辑随附性、B 型物理主义

（非还原物理主义）、副现象论以及变动感受性质四个方面进行了答复。在"副现象论及现象判断的悖论"一节中，查尔默斯对泛原心论和量子交互作用论作出辩护，认为这是两种有吸引力且不存在明显缺陷的意识理论，并进一步加强了意识在构成现象信念中的作用。

5. Chalmers, David J., "Does Conceivability Entail Possibility?", in Tamar S. Gendler and John Hawthorne（eds.）, *Conceivability and Possibility*, New York: Oxford University Press, 2002, pp. 145 – 200.

查尔默斯在这篇文章中，详细区分了表面的和理念的可设想性、正面的和否定的可设想性以及主内涵和次内涵语义下的可设想性及可能性。他在二维语义学框架下精细地阐述了可设想性论证，并概述了这种论证的抽象形式，而该论证最终得出的两种结论为查尔默斯的自然主义二元论和泛（原）心论奠定了形而上学基础。

6. Chalmers, David J., "How Can We Construct a Science of Consciousness?", in Michael Gazzaniga（ed.）, *The Cognitive Neurosciences III*, 3rd ed., Cambridge, Mass.: MIT Press, 2004.

查尔默斯在这篇文章中讨论了关于建立科学的意识理论的构想，他结合意识的难解问题指出，意识科学的任务是将第一人称材料和第三人称材料系统地整合进一个科学的框架之中。因此科学的意识理论涉及对两种材料的解释、对两者之间关系的解释以及对关系背后的基础法则的推论。

查尔默斯的上述理论在心灵哲学领域引起广泛反响，诸多学者对其意识的难解问题及自然主义二元论著述评论，本书主要参考以下几部批判性研究文献。

7. Shear, Jonathan（ed.）, *Explaining Consciousness: The Hard Problem*, Cambridge, Mass.: MIT Press, 1997.

这本文集汇编了 1995 ~ 1997 年《意识研究杂志》所发表的与

《直面意识难题》一文相关的 26 篇文章，并将这些文章划分为六种主题：反对型观点、解释鸿沟、物理学、神经科学和认知科学、反思自然、第一人称视角。该文集同时还收录了查尔默斯对这些评论文章的答复即《再论意识难题》一文。

8. Lycan, William G., "Vs. a New a Priorist Argument for Dualism", *Philosophical Issues*, 2003, 13 (1): 130 – 147.

利康反对杰克逊在《书斋形而上学》① 以及查尔默斯在《有意识的心灵》中所主张的反物理主义论证（他称之为 J – C 论证），认为这是对于二元论的一种新型先验论证，其论证前提无法成立。

9. Lycan, William G., "Recent Naturalistic Dualisms", in Armin Lange et al. (eds.), *Light Against Darkness: Dualism in Ancient Miditerranean Raligion and the Contemporary World*, Göttingen: Vandenhoeck and Ruprecht, 2011.

利康在文中明确反对各种形式的自然主义二元论，并分别对塞拉斯（Wilfrid Sellars）和查尔默斯的自然主义二元论提出质疑，指出其理论所面临的问题。利康进一步讨论了泛心论，并认为最终可能接受一种弱泛心论的意识理论形态。

二 泛心论或泛原心论

查尔默斯的泛（原）心论倾向与其自然主义二元论密切相关，因此上述多部文献都涉及对此问题的讨论。除此之外，查尔默斯在下列文献资料中集中阐述了他的泛心论及泛原心论观点。

1. Chalmers, David J., "Consciousness and Its Place in Nature",

---

① Jackson, Frank, "Armchair Metaphysics", in John O' Leary – Hawthorne and Michaelis Michael(eds.), *Philosophy in Mind*, Dordrecht: Kluwer, 1994, pp. 23 – 42.

in Stephen. P. Stich and Ted. A. Warfield（eds.）, *The Blackwell Guide to the Philosophy of Mind*, Oxford：Blackwell, 2003, pp. 102 - 142. "Reprinted" in David J. Chalmers（ed.）, *Philosophy of Mind：Classical and Contemporary Readings*, New York：Oxford University Press, 2002, pp. 247 - 272. ①

查尔默斯在这篇文章中梳理总结了各种反物理主义论证和意识理论，并将后者划分为六种类型（A、B、C 型唯物主义，D、E 型二元论，F 型一元论）逐一进行分析。他反对前三种意识的还原主义理论，认为后三种理论虽然都有缺陷但也都充满希望，其中 F 型一元论是最值得期待的意识理论，而这种理论的典型代表即泛心论或泛原心论。

2. Chalmers, David J., "Panpsychism and Panprotopsychism", forthcoming.

这是查尔默斯关于泛心论的最主要著述之一，他采取黑格尔式的"正反合"论证方式，阐述了物理主义和二元论所面临的挑战，以及泛心论和泛原心论对这些困境的克服。查尔默斯具体论述了泛心论和泛原心论下的各种理论形态，认为最恰当同时也是最有希望的意识自然化理论是"组成型罗素式泛（原）心论"，并指出该理论中存在的组合问题。

3. Chalmers, David J., "The Combination Problem for Panpsychism", forthcoming.

查尔默斯在这篇文章中更为详细地讨论了泛心论及泛原心论所

---

① 该文章中文版参见〔美〕斯蒂芬·P·斯蒂克、〔美〕特德·A·沃菲尔德主编《心灵哲学》，高新民、刘占峰等译，中国人民大学出版社，2013，第 118 ~ 162 页。

面临的组合问题，包括主体的组合问题、性质的组合问题以及结构的组合问题，并提出了一些尝试性的解决方案。

此外，查尔默斯所主张的泛（原）心论或 F 型一元论，借鉴并参考了罗素、费格尔、麦克斯韦尔、洛克伍德的相关立场，更是与托马斯·内格尔的泛心论观点颇为相似，因此本书还重点参考了这些学者的下列文献资料。

4. Russell, Bertrand, *The Analysis of Matter*, London: Kegan Paul, Trench, Trubner, 1927;

5. Feigl, Herbert, "The 'Mental' and the 'Physical'", in Herbert Feigl, Michael Scriven and Grover Maxwell (eds.), *Concepts, Theories, and the Mind - Body Problem*, Minnesota Studies in the Phiosophy of Science, Vol. 2, Minneapolis: University of Minnesota Press, 1958;

6. Maxwell, Grover, "Rigid Designtors and Mind - Body Identity", in Wade Savage (ed.), *Perception and Cognition*, Minnesota Studies in the Phiosophy of Science, Vol. 9, Minneapolis: University of Minnesota Press, 1978;

7. Nagel, Thomas, "Panpsychism", *Mortal Questions*, Cambridge: Cambridge University Press, 1979;[①]

8. Lockwood, Michael, *Mind, Brain, and the Quantum*, Oxford: Blackwell, 1989.

---

① 该书已有中译本，〔美〕托马斯·内格尔：《人的问题》，万以译，上海译文出版社，2014。

第一章 心灵的自然化之路：
物理主义与二元论

20 世纪下半叶以来，自然主义思潮对当代哲学尤其是英美分析哲学的影响不容小觑，如今几乎很少有哲学家乐于直接承认自己不是"自然主义者"，"将……自然化"（包括对信念、语义、意向性以及感受性质等问题）的哲学主张更是频繁出现于各种理论中。然而，尽管绝大多数学者都愿意贴上自然主义的标签，但关于自然主义的概念却始终含混不清。最为常见的一种定义认为自然主义拒绝超自然实存物，但实际上人们关于"超自然"的界定并没有比"自然"清晰多少，若简单地将超自然定义为非物质的（immaterial），那么概念、数字等就会被直接排除在自然主义的大门之外，而这显然不能被自然主义者所接受。① 正是由于概念的宽泛性和模糊性，普特南指出"'自然主义'的一个普遍特征就在于它是没有明确定义的"②，帕品纽也认为"'自然主义'这个术语在当代哲学中没有任

---

① 参见 Caro, Mario De and Macarthur, David, "The Nature of Naturalism", in Mario De Caro and David Macarthur(eds.), *Naturalism in Question*, London: Harvard University Press, 2004, pp. 2 – 3。

② Putnam, Hilary, "The Content and Appeal of ' Naturalism' ", in Mario De Caro and David Macarthur(eds.), *Naturalism in Question*, London: Harvard University Press, 2004, p. 59.

何确切意义"①。可见，自然主义不是一种明确的哲学主张，而是一种具有高度兼容性的哲学趋势，它对于不同学者而言意味着不同的理论意义。因此，当一个哲学家在表明其自然主义态度时，实际上并没有向我们提供多少具体的理论信息。

虽然关于自然主义的概念说明始终语焉不详，但作为一种哲学意识形态，自然主义具有以下两个核心特征。首先，自然主义放弃了传统"第一哲学"的梦想，即反对在科学之外寻求逻辑上优先于科学，并能为科学提供辩护的第一哲学。其次，自然主义将"科学"视为唯一信条，认为只有自然科学才是检验真实世界的最后仲裁，只有科学的方法才是获取知识的最可靠方法。② 对第一哲学的拒斥以及对自然科学的崇拜使得自然主义认为，想要一劳永逸地为科学提供认识论和形而上学基础的传统做法是不恰当的。因此，自然主义在形而上学方面"颠倒了传统的第一哲学理解哲学与科学关系的秩序：与其让形而上学独立于科学而为科学提供基础，不如反过来让科学指导和约束形而上学探究"，在认识论方面则主张"哲学知识不必是自成一体的（*sui generis*）、先天的、不谬的和一劳永逸的，而是与科学知识一样，是可以修正的"。③ 随着近代自然科学的巨大成功以及科学权威的广泛确立，自然主义的上述观点得到普遍认可，也因此成为当代哲学的主流思想。

---

① Papineau, David, "Naturalism", in Edward N. Zalta & Uri Nodelman(eds.), *The Stanford Encyclopedia of Philosophy* (Fall 2023 Edition), retrieved from https://plato. stanford. edu/entries/naturalism.

② 不过，对于科学方法范围的过窄理解，如认为只有物理科学方法才是认识事物的有效方法，很可能导致较为极端的自然主义即科学主义，对此应极力避免。

③ 程炼：《作为元哲学的自然主义》，《科学文化评论》2012 年第 1 期，第 36 页。

　　综上所述，我们不难看出自然主义思潮对当代哲学造成了广泛且深入的影响，但与此同时，当代自然主义也面临着各种挑战。就问题的挑战性及争论性而言，心灵哲学无疑是自然主义论题的主战场，这场交战的核心就在于心灵的自然化：一方面，自然主义者把心灵的自然化作为其研究的重要课题；另一方面，反对者又把心灵作为挑战自然主义的关键因素。与上述自然主义的两个核心特征相对应，关于心灵自然化的讨论主要包含两个议题：本体论问题和认识论问题。心灵自然化的本体论问题就是心灵在自然中的位置问题，即我们如何在以自然科学为依据的自然秩序中找到属于心灵的位置。在此问题中，对于自然科学范围的不同理解，将自然主义在本体论方面划分为不同的类型，而对于自然化方式的不同主张，又进一步将自然主义划分为不同流派。心灵自然化的认识论（或方法论）问题，就是要求利用自然科学解释相关心灵问题，以自然科学的方法为基本原则。在此问题中，对于科学方法的强弱态度，即要么以科学方法为获取知识的唯一途径要么以不违背当代科学的理论定律为基本准则，将自然主义在方法论方面划分为不同的类型。简而言之，自然主义理论在心灵哲学领域的统一诉求是将心灵自然化，具体是指："将心灵纳入到自然的秩序之中（自然主义的本体论方面的要求），并对心灵的本质和作用等提出一种自然主义的解释，一种与自然科学相一致的解释（自然主义的方法论方面的要求）。"①

　　在本体论问题上②，当代心灵哲学中的自然主义普遍支持一种

----

① 田平：《自然化的心灵》，湖南教育出版社，2000，第 13 页。

② 本书在行文上主要以心灵自然化的本体论问题为主线，同时也会确保各理论在认识论、方法论上与自然科学相一致。

"科学自然主义"（scientific naturalism）的立场。科学自然主义在本体论上坚持唯物主义，即认为世界上的一切都是物理的，物理学是自然科学的典范，物理定律是描述世界的终极定律；更开放的观点则将化学和生物学也包括进来，但认为它们最终都会被物理学所解释①。在心灵哲学中，科学自然主义的实际目标就是以物理解释对科学自然主义而言是非自然的心灵现象，其中常见的手段包括取消、还原、非还原等方式，这些理论主要表现为当代心灵哲学领域中各种具体形式的物理主义。与科学自然主义相对，另一种自然主义对"科学"的理解就宽泛得多，它将包括意向心理学、社会学、人类学在内的"人文社会科学"，视为同物理学、化学、生物学一样是自身独立且具有合法性的科学，我们可以借用麦克道尔的"自由自然主义"（liberal naturalism）② 来称呼这种立场。在心灵哲学中，自由自然主义实际上就是主张将心灵看成自然现象，认为心灵和物理都是自然界的基本组成部分，因而这种理论在逻辑上与二元论相容。以上两种自然主义心灵观实则代表了两条传统的心灵自然化之路：自然主义下的物理主义路径和自然主义下的二元论路径。下面，我们分别论述这两条路径如何实现对心灵的自然化，以及在此过程中各自面临的理论困境。

---

① 这里不是指实际地将化学、生物学还原为物理学，而是说化学、生物学属性在原则上可还原为物理属性。

② 麦克道尔的"自由自然主义"主张理性、价值、意义等是独特的自然存在物，它们是我们生命的一个方面，因而自然科学的框架中本应包含这些概念。参见 McDowell, John, "Naturalism in the Philosophy of mind", in Mario De Caro and David Macarthur(eds.), *Naturalism in Question*, London: Harvard University Press, 2004, p. 95。

第一节　物理主义对心—身问题的处理

哲学史上，关于心身关系问题的讨论古已有之，从古希腊时期柏拉图对灵魂与身体的二元论述，到近代哲学中笛卡尔的身心二元论及其遗产，二元论一度统治着人们的身心观念。但随着自然科学在理论和实践领域的飞速发展，各种形式的物理主义逐步登上历史舞台并成为当代心灵哲学的主流思想。可以说，当代绝大多数自然主义者都是物理主义者，而二元论则属于自然主义中的少数派，因此我们对心灵自然化的考察首先从物理主义开始。

当代物理主义的兴盛与人们对于物理学的推崇密不可分，据此物理学或物理科学（physical science）① 在本体论方面被赋予绝对的权威。然而即便将化学、生物学的研究都划入其中，物理科学领域也并不包含心灵现象，因此，如果说物理主义主张"一切都是物理的"，那么它理所应当对心灵的本质以及心灵与物理的关系问题作出解释。不同于传统唯物主义对于心灵问题的粗糙解释甚至置之不理，20 世纪以来的物理主义结合自然科学成果，对心—身问题进行了更为精细的分析与严密的论证，发展出行为主义、同一论、功能主义等不同研究路径的理论方案。本书在此依照物理主义将心灵自然化的不同方式，粗略划分为还原物理主义、非还原物理主义和取消主义。下面依次论述这三种物理主义立场的主要观点及其问题。

---

① 学界对于物理科学并没有明确的范围界定，较为狭义的观点认为物理学科仅包括物理学的各分支学科，广义的观点认为物理科学同时也包括在原则上可以还原解释为物理学的学科。

一 还原物理主义

还原论与物理主义的联系十分密切，当我们试图以物理解释心灵时，最容易想到的同时似乎也是最合适的一种方案，就是将心灵现象还原为物理。因此，在当代心灵哲学兴起之初，还原物理主义一直居于主导地位。还原论之所以备受物理主义者推崇，主要归结于我们对于自然世界的两个基本期待：科学解释上的统一性（或自主性）和本体论上的简单性。如果物理世界是因果闭合的，那么意味着每一个物理事件都有一个与之相应的物理解释，因而物理科学能够使用自身的术语进行统一的解释；进一步而言，世界的基本构成不是复杂"多"，而是简单的"一"即物理，这勾画出一幅简单纯粹的世界图景。与复杂多变的理论结构相比，人们普遍偏爱这种较为简单明晰的理论，而科学大一统理论（grand unified theories）的提出更使人们加深了这种信念。正如托马斯·内格尔所说："科学家的具体研究和大量发现，总体上来说并不依赖于或者暗示着还原唯物主义，或对于这个问题〔包罗万象的宇宙论问题——笔者注〕的其他答案。但是对于那些期待着关于自然秩序的统一观念的科学家和哲学家而言，还原唯物主义被广泛认定为是唯一的可行方案。"①

作为一种不断发展的哲学主张，还原论本身也包括不同的理论形态，基本上可以分为本体还原论、认识还原论和方法还原论。② 心灵哲学中的还原物理主义对以上三种还原论均有涉及，但就还原物理主义和非还原物理主义的划分而言，主要是依照认识还原论中的

---

① Nagel, Thomas, *Mind and Cosmos: Why the Materialist Neo - Darwinian Conception of Nature is Almost Certainly False*, New York: Oxford University Press, 2012, p. 4.

② 参见刘明海《心理与物理：心灵哲学中的物理主义探究》，科学出版社，2014，第 83 ~ 86 页。

理论还原（或称为解释还原）①，这种还原论观点最早是由欧内斯特·内格尔在《科学的结构》中提出的。在他看来，还原首先是指两种科学理论之间的关系："还原论是在某研究领域所形成的一套理论或实验定律可以由另一些领域所固定地确立的理论而解释的一种关系。"② 其次，他特别强调桥梁定律（bridge principle），认为这是不同理论之间进行还原的必要条件，而这种桥梁定律不是现成的，是建立在双方理论的基础上需要被进一步发现的。欧内斯特·内格尔的理论还原观点得到了大多数哲学家及科学家的认可，被视为经典的还原概念，与此同时，理论还原在科学领域所取得的一次次成功，也推动了科学的统一化发展。在科学领域中，理论还原意味着每一种在微观物理之上的自然现象原则上都存在一种还原解释，比如在物理学领域热量可以被还原为分子的振动，在生物学领域繁殖可以被还原为细胞的遗传学机制等。在这种情况下，当我们依照桥梁定律对低阶网络进行说明时，与之相应的高阶事物、性质或关系也就得到了适当的说明。因此在心灵哲学领域中，我们也可以按照这种方式还原心灵现象——还原物理主义通过寻求将心物相连的心理物理定律（psychophysical principles），以脑神经科学等基础层次的物理科学理论解释心灵的相关问题，从而揭示心灵现象与物理现象之间的同一性。这种理论具体表现为还原物理主义中的类型同一论。③

---

① 认识还原论主要包括语义还原和理论还原。

② Nagel, Ernest, *The Structure of Science*, Condon: Harcourt, Brace & World, 1961, p. 338. 中译本参见〔美〕欧内斯特·内格尔《科学的结构》，徐向东译，上海译文出版社，2005。

③ 还原物理主义主要还包括逻辑行为主义和概念功能主义，这两种理论都主张对心理术语的意义进行分析，因而属于语义还原而非理论还原。本书对此不进一步展开论述，相关理论概述及文献介绍详见导论。

心身类型同一论主张心灵现象就是大脑的神经生理现象，因此也被称为心脑同一论。这里所谓的"同一"，既不是指事物之间的一致性，也不是指术语之间的同义性，而是指严格意义上的同一性，比如"水是 H_2O""晨星是暮星"。普赖斯在《意识是大脑过程吗?》一文中对同一性概念做了进一步说明，他认为同一论中的"是"分为两种情况：一种"是"表达必然的同一性，即真伪只依赖于命题内名词意义的分析命题，如"单身汉是未婚男子"；另一种"是"表达偶然的同一性，命题的真假不是逻辑上推出的而是需要借助经验观察的，如"张三是单身汉"。普赖斯认为，"意识是一种大脑过程"属于偶然的同一性，"意识"与"大脑过程"两种表述在逻辑上是相互独立的，然而两者在本体上却是同一的，具有共同的指称。人们通常之所以会认为两种表述分别指向不同的对象，是由于"现象学的假象"（phenomenological fallacy）造成的，但事实上，对现象学属性或意识经验的描述并不能推导出对象的真实存在。[1] 在明晰了"同一"的概念后，我们有必要继续对"类型"加以说明。与殊型同一论相对，类型同一论是指一个类型中的每一个具体个例都同一于另一个类型中的每一个具体个例，两方具有一一对应关系。因此，心身类型同一论就是指心灵状态类型与物理状态类型或神经生理状态类型同一。以"疼痛就是 C - 神经纤维的激活"为例，心身类型同一论认为疼痛的所有个例，不论疼痛的位置、时刻，不论疼痛的个体是你、是我还是其他物种，都与 C - 神经纤维被激活这类大脑神经生理状态相同一。由此可见，心身类型同一论主张在所有可能情况下，感觉、意识等心灵状态都与某种类型的大脑过程绝对同一，这

---

① 参见 Place, U. T., "Is Consciousness A Brain Process?", *The British Journal of Psychology*, 1956, 47(1): 44 - 50。

是一种较强的物理主义立场。

类型同一论的强硬立场不可避免地受到各方的质疑和诘难。① 最为直接的批判来自普特南提出的心灵状态的"多重可实现性"，他指出心灵状态的类型可以通过不同的物理结构得到实现，将某一心灵状态的类型同一于或还原为任何一种单一的物理状态或神经生理状态类型都是不恰当的。还是以"疼痛就是 C－神经纤维的激活"为例，我们一般认为疼痛这种心灵状态不是人类所特有的，哺乳动物、两栖动物甚至是软体动物都有可能感觉到疼痛，那么按照类型同一论的观点，能够感觉到疼痛的不同物种都必须具有 C－神经纤维被激活这样的物理状态类型。然而，生物学已向我们证明人类与这些物种在生理机制上存在很大差别，我们很难在其他物种上找到与人类神经生理状态一一对应的物理状态，疼痛对于其他物种而言很可能是通过完全不同的生理机制实现的。可见，同样是处于疼痛这种心灵状态，人类的大脑神经生理状态与其他物种的神经生理状态，不一定属于同一个神经生理状态类型，因此（至少部分）心灵状态是多重可实现的。②

---

① 除了下述两种常见的批判外，克里普克在《命名与必然性》中对于同一性与必然性关系的阐释也动摇了类型同一论的基础。按照克里普克的观点，"晨星是暮星"的命题虽然是后验即通过经验认识到的，但"晨星"和"暮星"都是专名，都指称同一对象即金星，因此是必然的同一，属于后验必然命题。但是"意识是一种大脑过程"并不具有必然同一性，我们无法确保在所有可能世界里"意识"与"一种大脑过程"都指称同一对象，对此的同一性陈述并不必然为真，因此在心灵状态和物理状态之间不存在类型同一性。参见 Kripke, Saul A., *Naming and Necessity*, Cambridge, Mass.: Harvard University Press, 1980。上述观点又被称为反物理主义的模态论证，下文中"意识的反物理主义论证"部分将对此详细论述。

② 参见 Putnam, Hilary, "The Nature of Mental States", in Hilary Putnam(ed.), *Mind, Language and Reality*, Philosophical Papers, Vol. 2, Cambridge: Cambridge University Press, 1975, pp. 429 – 440。

普特南的多重可实现性论证严重削弱了心身类型同一论，为了缓解这种理论冲突，同一论者只能由强硬的心身类型同一论转为相对弱化的心身殊型同一论，主张心灵状态的个例与物理状态或神经生理状态的个例同一，这就意味着同样类型的心灵状态可能是由完全不同的物理过程实现的。此外，普特南对类型同一论的批判还直接导致了功能主义的产生，促使还原物理主义转向非还原物理主义，对此我们将在下一节中详细论述。

对类型同一论的另一个有力反驳，来自意向性、感受性质所引起的"解释鸿沟"（explanatory gap）[①]。如前所述，同一论是理论还原的典型代表，按照理论还原论的要求，应当存在连接心灵属性与物理属性的桥梁定律即心理物理定律，从而揭示心灵现象与物理现象的同一性。然而实际上，还原物理主义者不但没有找到所谓的心理物理定律，他们甚至无法解释心灵现象的本质特征：意向性和感受性质。将意向性作为心之为心的重要标志是由布伦塔诺明确提出的，他认为："意向的这种内在存在性是心灵现象独有的特征。任何物理现象都没有表现出类似的特征。因此，我们可以这样给心灵现象下定义，即心灵现象是那种在自身中以意向的方式涉及对象的现象。"[②] 意向性指心灵状态或心灵活动对一定对象的指向性、关涉性，这意味着心灵现象总是指涉特定的内容或意义，从而与之相对的心

———————

① "解释鸿沟"这一概念由列文提出，其初衷是为了将克里普克反对心灵和物理同一性的强形而上学观点转化为较弱的认识论观点，参见 Levine, Joseph, "Materialism and Qualia: The Explanatory Gap", *Pacific Philosophical Quarterly*, 1983, 64 (4)：354 – 361。笔者此处并不特指列文意义上的解释鸿沟概念，而是泛指物理现象在解释心灵现象时遇到的阻碍。

② Brentano, Franz, *Psychology Form an Empirical Standpoint*, 2nd ed., A. Rancurelio et al. trans., Oxford: Routledge, 1995, p. 89. 转引自高新民《心灵与身体——心灵哲学中的新二元论探微》，商务印书馆，2012，第 307～308 页。

灵陈述具有语义特性。对此，物理主义的同一论无法进行还原解释，因为我们很难设想大脑的某种物理状态或神经生理状态具有特定的内容或意义，意向性使心灵现象明显区别于物理现象。心之为心的另一个重要标志是感受性质，是指我们在经历心灵状态时所感受到的现象属性特征，是对经验呈现出来的质的特征的感受，它与主观性、第一人称视角相关。然而物理科学的还原解释则要求客观性、去视角，因此包括类型同一论在内的现有还原理论无法解释意识经验，任何向客观性的推进都只能让我们更加远离主观性的心灵现象。托马斯·内格尔的"蝙蝠论证"和杰克逊的"玛丽黑白屋论证"（知识论证）都试图向我们证明，在物理科学之外还存在这种无法还原解释的感受性质，因此心灵现象和物理现象之间似乎存在一条无法逾越的解释鸿沟。

二　非还原物理主义

由于符合物理科学对统一性的追求，还原物理主义曾一度在心灵哲学领域居于统治地位。然而自20世纪60年代中后期起，这种观点的影响力逐渐衰退，正如金在权所说："曾被认为是唯一得到最好的当代科学恰当支持的关于心的理论的心脑类型物理主义意料之外地成为短命的，而且在20世纪70年代大多数哲学家都不再将还原的物理主义看作是一种关于心理学的观点，也不再将它看作是一种关于一切特殊科学的理论。"① 还原物理主义的式微主要与心灵哲学领域对还原论与物理主义关系的反思有关。一方面，普特南对心灵状态多重可实现性的论证表明，心灵现象与物理现象之间不存在一一

① Kim, Jaegwon, *Philosophy of Mind*, Boulder: Westview Press, 1996, p. 73. 转引自田平《自然化的心灵》，湖南教育出版社，2000，第81页。

对应关系，同一类型的心灵状态可以通过不同类型的物理状态实现，因此将心灵现象单纯地还原为物理现象是不恰当的。另一方面，戴维森认为心灵事件不受严格的决定性法则支配，在心灵事件和物理事件之间不存在严格的关联法则，由于理论还原主张必须以桥梁定律作为还原的依据，因此物理主义无法满足还原论的要求。基于上述对还原论物理主义的批判，普特南和戴维森提出了各自的非还原物理主义理论：功能主义和反常一元论。①

功能主义强调以功能角色理解心灵状态，但在如何对心的性质作出功能主义说明这个问题上，功能主义内部呈现出不同的理论形态。布洛克（Ned Block）将功能主义划分为概念功能主义和计算功能主义（computational functionalism）。前者又称为分析功能主义，主要指对心灵概念的功能的或因果的分析，心灵状态同一于扮演某种特定的因果角色的内部状态，这种理论实际上是对类型同一论的弱化发展，因此通常被划为还原物理主义阵营②，其倡导者主要有阿姆斯特朗和刘易斯。后一种计算功能主义又称为机器功能主义，最早由普特南提出，后经福多修正并得到进一步阐释。如前所述，普特南对心灵状态多重可实现性的论证不仅批判了类型同一论，同时还成为机器功能主义产生的一个直接动机。由于还原的同一论无法满足心灵状态通过不同物理机制得到实现的可能性，因此普特南反对把心灵状态归结为内在的神经过程，他认为应当在更抽象的功能组织层次理解心灵状态。对此，普特南把心灵状态比作计算机模型的

---

① 非还原物理主义包括众多不同的哲学立场，常见的有普特南—福多版功能主义、戴维森版殊型同一论以及突现论。本书在此仅论述前两种理论观点，对突现论的相关论述详见第三章"泛心论与突现论"一节。

② 本书在导论中将概念功能主义划为还原物理主义范畴，此处考虑到理论介绍的完整性，故在此与其他功能主义类型一并介绍。

功能状态：一个计算程序可以由物理结构完全不同的硬件组织来实现，那么同样地，一个"心灵程序"也可以由物理结构完全不同的机制来实现。对于普特南而言，心灵状态同一于功能状态，而功能意味着扮演某种因果角色，因此心灵状态实际上处在由感觉输入、行为输出以及其他内部状态共同构成的因果网络中，心灵状态的类型就是通过它在这个功能组织中所扮演的因果角色来确定的。可见，功能主义一方面主张心灵状态对物理状态的依赖性，坚持了物理主义的基本立场；另一方面又否定心灵状态类型与物理状态类型的同一性，满足了多重可实现性。

在功能主义者看来，心身类型同一论由于无法解决多重可实现性难题因而犯了沙文主义（chauvinism）的错误：原本具有心灵状态的事物由于不符合相应的物理状态类型而被错误地排除了具有心灵状态的可能性。但布洛克指出，功能主义对类型同一论的指责同样也适用于自身，它很有可能错误地否认了那些在功能状态或因果角色上与我们不相像的系统具有心灵状态。此外，布洛克认为功能主义同时还可能与行为主义一样，将心灵状态赋予事实上不具有心灵状态的事物，从而导致自由主义（liberalism）的错误。因为功能主义并没有明确功能状态的属性，它对于心灵状态的抽象说明属于形而上学论证而非本体论主张，因此这种过于宽泛的标准很可能导致捕鼠夹、阀门开关也符合功能状态的要求从而具备心灵状态。① 需要注意的是，普特南后来也在一定程度上放弃了由他首倡的机器功能主义理论，这主要与他后期对心灵状态的内容和意义的看法有关。普特南的意义理论坚持外在论（externalism）的立场，认为心灵状态

①　参见 Block, Ned, "Troubles with Functionalism", in Ned Block(ed.), *Readings in Philosophy of Psychology*, Vol. 1, Cambridge, Mass.: Harvard University Press, 1980, pp. 268 – 306。

的内容和意义不是头脑之中的，不是单纯由心灵状态持有者的内部状态决定的，而是与持有者所处的自然环境和社会环境密切相关。[①]而机器功能主义则只考虑内在的功能状态或因果角色，将心灵状态从外部世界中孤立出来加以考察，这明显违背了普特南关于意义的外在论观点，因而受到他的严厉批评。

与类型同一论相同，功能主义也面临来自感受性质和意向性的挑战。感受性质问题对功能主义造成的困扰主要与两个思想实验有关：感受性质缺失（absent qualia）论证以及感受性质倒错（inverted qualia）论证（又称颠倒光谱论证）。[②] 前者试图表明，一个在功能状态上与我们的大脑功能相等同的系统（如头脑中装满小人的机器人），很有可能并不具有任何心灵状态，因此功能主义确实存在布洛克所说的自由主义问题；后者则指出，处于相同功能状态的两个人可以具有完全不同的感受性质，比如相同的神经功能组织可能产生相互颠倒的关于红色和绿色的感觉经验。可见，感受性质似乎在功能的因果网络中并不扮演任何因果角色，感受性质拒绝"功能化"。[③]

---

① 参见 Putnam, Hilary, "Philosophy and Our Mental Life", in Hilary Putnam (ed.), *Mind, Language and Reality*, Philosophical Papers, Vol. 2, Cambridge: Cambridge University Press, 1975, pp. 291 – 303; Putnam, Hilary, *Representation and Reality*, Cambridge, Mass. : MIT Press, 1988。

② 基于组织不变性定律，查尔默斯认为这两种论证最终只是逻辑上可能的，但在经验上或律则上是不可能的。对此的论述详见第二章 "心理物理法则" 一节。不过，查尔默斯指出，仅是逻辑可能性就足以反驳功能主义对于感受性质问题的功能性解释。参见 Chalmers, David J. , *The Conscious Mind: In Search of a Fundamental Theory*, New York: Oxford University Press, 1996, p. 250。

③ 对于感受性质问题，功能主义者也从不同角度进行了回应，本书在此不作详细论述，有兴趣者可参阅 Levin, Janet, "Functionalism", in Edward N. Zalta & Uri Nodelman (eds.), *The Stanford Encyclopedia of Philosophy* (Summer 2023 Edition), retrieved from https: //plato. stanford. edu/entries/functionalism。

意向性问题对功能主义的挑战主要体现在塞尔的中文屋论证。塞尔假设在一间有输入和输出孔通道的屋子里，有用英文书写的中英符号对照规则（如同电脑里的程序），一个只懂英文的人可以在这个中文屋里对输入进来的中文问题，按照规则再输出相应的中文答案。仅从答案上来看，中文屋所输出的回答与中国人所做的回答完全无法区分，但实际上中文屋里的人并没有真正地理解中文。① 对此塞尔认为，尽管一个系统可以在功能上模拟心灵状态在人脑中的功能状态，但这个系统不可能真正具有心灵状态。意向性是心灵状态的根本属性，然而功能系统只负责根据特定规则处理符号、句法，并不涉及心灵状态的意义、内容等问题，因此对心灵状态的功能主义表征无法说明意向性。

　　非还原物理主义的另一个理论代表是戴维森的反常一元论，这种观点的"反常"（anomaly）表现在心灵现象的因果反常性上。与还原物理主义主张心物同一、肯定心物规律不同，戴维森否认心灵事件与物理事件之间存在严格的法则性关系，而且心灵事件之间也没有严格的因果定律或关联规律。戴维森在《心灵事件》一文中指出，他的反常一元论是由以下看似矛盾的三个前提推导出的：①因果相互作用定律（PCI），指至少有一部分心灵事件和物理事件是因果相关的；②因果合法则性定律（PNNC），指事件之间的因果关系受严格的决定性法则支配；③心灵反常性定律（PNAM），指对心灵事件的解释和预测不存在严格的决定性法则。② 基于对这三个定律的调和，戴维森认为心灵事件的个例与物理事件的个例是因果相关的，且这种因

---

① 参见 Searle, John, "Minds, Brains, and Programs", *The Behavioral and Brain Sciences*, 1980, 3(3): 417–457。

② 参见 Davidson, Donald, "Mental Events", in Lawrence Foster and Joe W. Swanson (eds.), *Experience and Theory*, London: Duckworth, 1970, pp. 110–111。

果关系是合法则的，但不存在心灵事件与物理事件在类型上的同一，不存在作为心身对应规则的严格的心理物理规律。可见，戴维森反对还原物理主义的类型同一论主张，他提出的这种与之相对的非还原物理主义观点又被称为"殊型同一论"。然而这种理论的问题在于，如果特定类型的心灵事件无法还原为特定类型的物理事件，那么我们如何解释心灵与物理之间的因果作用关系？对此，戴维森主张以心身"随附性"取代心身"同一性"。

"随附性"一词最早用来表示一种伴随关系，在亚里士多德的《尼各马可伦理学》中就已经萌芽，黑尔（Richard Mervyn Hare）等人在当代伦理学领域中明确提出了这一概念。而真正将随附性概念引入心—身问题研究中的是戴维森，他在为反常一元论辩护的过程中提出"心灵属性在某种意义上依赖于或随附于物理属性"，并进一步指出："这种随附性可以理解为，不可能有两个事件在所有物理方面完全相同而在某些心灵方面却有所不同，或者是一个对象不可能在某些心灵方面有所变化而在物理方面却没有变化。"① 心身随附性强调了心灵事件对物理事件的依赖关系，心灵属性的变化总是伴随着物理属性的变化，具有依变性（dependent variation）或协变性（covariation）。例如，疼痛的状态随附于大脑的状态，因而疼痛状态的变化依赖于它得以产生的大脑状态的变化，反之则不然。随附性理论的提出对心身关系问题造成了很大的影响，它一方面保留了心灵现象具有物质基础的物理主义框架，强调心灵属性对物理属性的依赖性，另一方面又维护了心灵属性的自主性及因果效力，避免了还原物理主义特别是类型同一论所面临的种种难题。可见，心身随

---

① Davidson, Donald, "Mental Events", in Lawrence Foster and Joe W. Swanson(eds.), *Experience and Theory*, London: Duckworth, 1970, p. 111.

附原则满足了"物理主义"和"非还原论"这两方面的要求，因此
成为非还原物理主义的核心论点，为心灵的自然化提供了有别于传
统的重要思路。在戴维森之后，随附性问题引起了当代心灵哲学领
域的广泛关注，不断有哲学家深化对此问题的研究，① 本书将在第二
章中详细介绍查尔默斯的随附性理论及其与物理主义和意识问题的
关联。

　　对于物理主义者而言，戴维森的反常一元论特别是心身随附原
则无疑是极具吸引力的，它既坚持了物理主义，又避免了简单粗暴
的还原关系，承认了世界层次的多元性，同时又以随附性维系了多
元世界的物理统一。然而随附性真的能够满足非还原物理主义的要
求么？物理主义真的能从"同一性"的还原弱化到"随附性"的非
还原么？对此，金在权给出了否定性的答案，他认为心身随附原则
在心灵的因果效力问题上存在困境，而以此原则作为支撑点的非还
原物理主义只能在副现象论和还原物理主义之间徘徊。金在权认为，
根据戴维森的反常一元论，心灵属性的因果关系只能是表面现象，
不具有任何因果效力，心灵现象最终沦为了没有影响力的副现象。
简单来说，①假定心灵属性 M 是引起物理属性 P^* 的原因；②按照物
理世界的因果闭合原则，物理属性 P^* 有另一个物理属性 P 作为其充

---

① 　金在权对于随附性的讨论使这一问题从心灵哲学领域上升到哲学范式的高度，
　　他将随附性细分为弱随附性（weak supervenience）、强随附性（strong superve-
　　nience）、全局随附性（global supervenience），详细探讨了各随附性概念间以及
　　随附性与心—身问题的逻辑关联，确立了随附性议题在当代心灵哲学的重要地
　　位。对此本书不展开论述，有兴趣者可参阅：Kim, Jaegwon, "Concepts of Super-
　　venience", *Philosophy and Phenomenological Research*, 1984, 45(2): 153 – 176; Kim,
　　Jaegwon, "'Strong' and 'Global' Supervenience Revisited", *Philosophy and Phenome-
　　nological Research*, 1987, 48(2): 315 – 326; Kim, Jaegwon, "Supervenience as a Philo-
　　sophical Concept", *Metaphilosophy*, 1990, 21(1 – 2): 1 – 27。

足原因；③非还原物理主义认为 M ≠ P；④这里不可能是一个因果过决定（causal overdetermination）的情形，P* 不能同时有两个原因；因此⑤M 对 P* 不具有因果效力。① 金在权的排他性论证使包括功能主义在内的非还原物理主义陷入了两难境地：如果坚持随附性，认为心灵属性不能还原为物理属性，那么就不得不放弃心灵属性的因果效力，从而使非还原物理主义沦为副现象论；如果坚持心灵属性具有因果效力，那么就不得不放弃非还原论，转而接受心灵属性同一于物理属性，从而使非还原物理主义沦为还原物理主义。可见，尽管非还原物理主义力图规避还原论的错误，通过随附性实现心灵的自然化，但这条路径却因其饱受争议的折中性而顾此失彼，最终非还原物理主义很可能只是一个神话。

三 取消主义

取消式唯物主义（以下简称取消主义）的出现可以说是物理主义发展的必然结果。物理主义要求世界上的一切都是物理的或随附于物理的，然而如前所述，在解释非物理的心灵现象时，无论是还原物理主义还是非还原物理主义都遭遇到种种难以逾越的障碍。围

---

① 这里仅简要概述了金在权排他性论证的简单版本，即只论证了在下向因果关系中心灵属性不具有因果效力。除此之外，金在权还考察了排他性论证的复杂版本，并最终认为，不论是在上向还是在下向因果关系中、在心物还是在心心因果关系中，心灵属性的因果功效都面临被物理属性"排挤掉"的危险。相关论述参见：Kim, Jaegwon, "The Myth of Nonreductive Materialism", *Proceedings and Addresses of the American Philosophical Association*, 1989, 63(3): 31 – 47; Kim, Jaegwon, *Physicalism, or Something Near Enough*, Princeton: Princeton University Press, 2005, pp. 39 – 45; Kim, Jaegwon, *Philosophy of Mind*, 3rd ed. , Boulder: Westview Press, 2011, pp. 214 – 220。对于金在权关于反常一元论及心身随附原则的质疑，戴维森也曾作出回应，详见 Davidson, Donald, "Thinking Causes", in John Heil and Alfred Mele(eds.) , *Mental Causation*, Oxford: Clarendon Press, 1993。

绕着心灵现象和物理现象的关系问题，还原物理主义主张"同一性"，非还原物理主义则主张"随附性"，但双方在处理心灵问题时都将心灵状态看作真实存在的内部状态。取消主义则直接针对"心灵状态真实存在"这一理论前提，大胆地在本体论上彻底否定了心灵的地位，从而取消了以此为基础的所有理论争议，颠覆了人们关于世界的常识认识。取消主义的理论主张与它对常识心理学的讨论密不可分，下面我们首先简要介绍常识心理学的概念及相关问题。

常识心理学又称为民间心理学（folk psychology），是数千年来发展出的一套普通民众关于心灵现象的概念图式。常识心理学主要涉及行动者的信念、愿望、意图、感知等心灵状态的归属，以及对这些心灵状态的理解、解释和相关行为的预测。保尔·丘奇兰德认为常识心理学是"前科学的、常识的概念框架"，这个框架根深蒂固地附着在我们的日常生活语言中，能够被所有正常社会化了的人所使用和理解。[1] 人们对于常识心理学存在的普遍认可与两个著名的心理学实验密切相关。在1978年发表的《黑猩猩具有心的理论吗？》一文中，普瑞马克和伍德拉夫通过实验指出黑猩猩能够理解人类的行为意图并能作出正确预测，这些心灵状态不是直接观察到的而是经过推理得出的，因此黑猩猩具有关于心的理论。[2] 这一实验结论受到众多学者的质疑，认为该试验不足以证明黑猩猩能够了解其他个体的心灵状态，对此的讨论延伸出魏玛和帕纳的心理学实验。他们分别对年龄在3岁半左右和5岁左右的两组儿童进行测试，发现后者在

---

[1]　参见 Churchland, Paul, "Folk Psychology", in Samuel Guttenplan(ed.), *A Companion to the Philosophy of Mind*, Oxford: Blackwell, 1994, p. 308。

[2]　参见 Premack, David and Woodruff, Guy, "Does the chimpanzee have a theory of mind?", *Behaviour and Brain Sciences*, 1978, 1(4): 515 – 526。

即便他人的信念或意图已不符合实际情形的情况下，依旧能够预测这种错误的信念所引发的后续行为，而前者则不具有这种判断能力。① 魏玛和帕纳的实验被称为"错误信念实验"，与第一个实验相反，他们把能否将错误信念归属他人并预测相应行为，作为是否具有心的理论的判断依据，这种观点成为常识心理学的评判标准。关于常识心理学的性质存在两类看法，上述将常识心理学看作"心的理论"的观点属于传统的"理论论"（theory - theory），即认为常识心理学是一种理论系统。这种观点被大多数社会心理学家、经验论哲学家以及认知科学家所赞同，他们认为人人都有一套原始的、民间的心理学理论，这套理论系统或概念框架使人具有能够解释和预测行为和心灵状态的能力。20 世纪 90 年代，戈登和戈德曼等人又提出对常识心理学的"模拟论"（simulation theory）理解，认为常识心理学主要是以一种模拟的模式理解他人心灵状态并预测相关行为。② 相对于发展出一套心灵理论，模拟论者认为人与人之间的相互理解是基于模拟他人的内部心灵活动，这种模拟是通过想象而进行的复制（replicate）或重新扮演（re - enact）。一般而言，围绕着常识心理学地位问题的争论都是以理论为前提，取消主义也是如此。

保尔·丘奇兰德关于取消主义的定义常被用来作为该理论的基本主张，他指出："取消主义是这样一种主张，我们关于心灵现象的常识概念是一种完全虚假的理论，它有根本的缺陷，因此它的基本

---

① 参见 Wimmer, Heinzand Perner, Josef, "Beliefs about Beliefs: Representation and Constraining Function of Wrong Beliefs in Young Children's Understanding of Deception", *Cognition*, 1983, 13(1): 103 – 128。

② 参见 Gordon, Robert M., "Folk Psychology as Simulation", *Mind & Language*, 1986, 1 (2): 158 – 171; Goldman, Alvin I., "The Psychology of Folk Psychology", *Behavioral and Brain Sciences*, 1993, 16(1): 15 – 28。

原理和本体论最终都将被完善的神经科学所取代，而不是被平稳地还原为这样的科学。"① 丘奇兰德认为我们日常意义上的对心灵现象的使用构成了一个经验理论，然而这种常识心理学的经验理论及其概念与范畴可能是错误的，在他看来信念、愿望、意图等心灵状态不具有本体论地位，对于大脑状态、认知活动以及外部行为的解释最终必须诉诸神经科学。丘奇兰德主要从以下三个方面考察了常识心理学：首先，在解释力度和解释范围上，常识心理学对许多心灵现象及行为的因果解释，要么漏洞百出要么根本无能为力，例如梦境、记忆、学习等心灵过程的本质，都无法在常识心理学的概念框架下给出准确或充分的理论解释。其次，在理论的发展进化方面，相较于其他学科的发展而言，常识心理学虽然历史悠久却几乎停滞不前，当代的常识心理学概念图式几乎与古希腊人的相差无几。最后，在理论的整合性或融贯性方面，物理学、化学、生物学、神经科学等学科的发展，不断推进着人们关于内部心灵过程的认知，而常识心理学明显脱节于当代的科学理论体系，无法融入科学的世界图景。综合上述原因，丘奇兰德认为常识心理学作为一个明显退化的理论框架，最终会被发展完善的神经科学所取代，就如同"燃素说"被化学理论所取代一样，而我们最终能够在一个成熟的神经科学概念框架下重新考察心灵状态与活动。

斯蒂奇的取消主义更为极端，如果说丘奇兰德是把常识心理学从现代的科学心理学中排除掉，那么斯蒂奇则否认成熟的认知科学

① Churchland, Paul, "Eliminative Materialism and the Propositional Attitudes", *The Journal of Philosophy*, 1981, 78(2): 67 – 90; reprinted in William G. Lycan(ed.), *Mind and Cognition: An Anthology*, Oxford: Blackwell, 1990, p. 206.

中有常识心理学的位置，认为两者是不相容的，他对此观点的论证主要与他的"心的句法理论"有关。斯蒂奇指出，传统的对于认知科学的看法主要是关于心的强表征理论（the strong representational theory of mind）和关于心的弱表征理论（the weak representational theory of mind），这两种理论都是根据心灵状态的意义或内容来确定心灵因果作用，前者更强调心灵状态的内容，后者更强调心灵状态的句法，但句法对象也必须具有内容或语义的性质。常识心理学是依据心灵状态的内容来个体化心灵状态的，例如我们是在把握了信念的内容（如相信"吸烟有害健康"）的前提下才能理解、预测相应的行为，因此这两种表征理论支持了常识心理学在认知科学中的地位。但斯蒂奇认为，在关于心的表征理论中，信念内容的确定和归属都是十分困难的，对于各种特定存在状况的考虑会阻碍我们建立普遍的、严谨的认知理论，因此他提出应当以心的句法理论作为认知科学的新范式。这种理论主张"认知状态之间的因果关系映射句法对象之间的形式关系"，① 也就是说，内部的心灵状态既不进行表达也不进行指称，它们的因果作用关系是通过与之相契合的抽象对象的句法形式或结构表现出来的。在斯蒂奇看来，根据纯形式或纯句法的心灵语句来描述心灵状态，能够避免以内容为基础的认知理论的不完整性、模糊性和猜测性，因此成熟的认知科学应当以心的句法理论为范式，而根据语义属性去描述心灵状态的常识心理学必然在认知科学中没有位置。

长期以来，常识心理学的思想体系惯于以类比、隐喻式的手法解释复杂特殊的心灵现象，取消主义则借助神经科学以及新的认知

① Stich, Stephen, *From Folk Psychology to Cognitive Science: The Case Against Belief*, Cambridge, Mass.: MIT Press, 1983, p. 149.

理论模型，从根本上取消了前科学心灵观念的种种问题。但取消主义的方式无疑是十分激进的，这种极端的、彻底的唯物主义形式受到各方批评，查尔默斯认为取消主义是通过否定现象而逃避问题，福多更是十分形象地讽刺道："这里的规则显然是：如果阿司匹林没有用，那就试着把脑袋砍掉吧。"① 首先，取消主义无视内在的感受经验，而这明显与人们和意识之间的亲密程度相违背，没有什么比我们对意识的感受更加真实。取消主义以历史上对"燃素""热质""以太"等理论概念的取消来类比对于心灵现象的取消，然而前者是设想出来的一种第三人称解释，内在感受则是自明的、亲知的第一人称经验，两者无法类比论证。其次，取消主义在逻辑上无法自洽。一方面，取消主义主张信念、愿望等心灵现象不存在；另一方面，陈述、断言、理论主张等言语行为都属于意向行为。因此取消主义本身就是在常识心理学所预设的意向状态框架之中进行表述的，取消主义所主张的内容和断言取消主义为真是自相矛盾的。最后，常识心理学早已融入普通大众的社会生活中，当谈论心灵状态或心灵活动时，不论是在日常生活还是文学创作中，甚至是在科学研究中，人们习惯于使用"我相信""我认为""我主张"等常识心理学语言进行表述和交流。我们无法想象，在取消主义所设想的新的概念图式中这些意向状态将被如何阐述，难道我们真的要以脑神经科学术语去取代传统的日常语言？这显然是无法接受的。可见，物理科学或神经科学的发展会不断深化、完善常识的心灵概念，甚至可能排除传统的陈旧观念，但常识心理学的概念框架不可能被完全取消，

---

① Fodor, Jerry, "Banish Discontent", in Jeremy Butterfield (ed.), *Language, Mind and Logic*, Cambridge: Cambridge University Press, 1986; reprinted in William G. Lycan (ed.), *Mind and Cognition: An Anthology*, Oxford: Blackwell, 1990, p. 420.

取消主义的激进道路是行不通的。

第二节　物理主义的空白：意识的难解问题

通过上述对还原物理主义、非还原物理主义以及取消主义的考察，我们不难看出，尽管物理主义对心灵的自然化衍变出多种具体的方式，但没有一种方式能够不受争议地解释心灵现象，特别是无法解释心灵的意向性和感受性质，这被视为心灵自然化进程中最为困难的两个问题①。相比于与命题态度相关的意向性问题在当代心灵哲学研究中所取得的成果，对于意识或感受性质问题的探讨虽然众说纷纭却始终无法达成较为统一的解决方向，因而成为对心灵的解读中最为薄弱的一环。在自然主义下的物理主义路径中，取消主义忽视了我们对于感觉经验的原始感受，还原物理主义无法解释意识与物质之间的解释鸿沟，而非还原物理主义也面临来自感受性质思想实验的挑战。即便物理主义经历了由强到弱的演化过程，从还原性（同一性）退让到较弱的随附性，但依旧存在这样的问题：为什么物理功能的实现会伴随着主观经验？为什么现象属性要随附于物理属性？可见，物理主义对于心灵的自然化没能对意识问题给出充分的解释，这就是物理主义的

---

① 当代心灵哲学的主要问题可以划分为命题态度和非命题态度两个方面，前者与各种意向性问题相关，后者与各种感觉状态相关，因而心灵的自然化也可分为这两方面。本书所讨论的心灵的自然化主要处理的是与感觉状态相关的各类问题，因此心灵自然化的重点就落到意识自然化的问题上。关于心灵意向性方面的自然化问题可参见田平《自然化的心灵》，湖南教育出版社，2000。

空白。①

一　意识的双重内涵——心理的与现象的

想要在自然秩序中找到属于心灵的位置，首先要明确心灵的概念。当我们谈论"心灵"时，通常涉及两个大相径庭的概念，一种是心理的②心灵概念（psychological concept of mind），它被刻画为行为的因果关系或行为的解释基础，属于心灵的第三人称方面，例如学习和记忆的概念；另一种是现象的心灵概念（phenomenal concept of mind），它被刻画为某种感觉状态即作为意识经验，属于心灵的第一人称方面，这是心灵中最扑朔迷离的部分。这两个心灵概念涵盖了心灵的全部内容，除此之外没有第三种有待解释的心灵属性。在实际情况中，心理的和现象的心灵属性时常同时出现，以疼痛为例，

---

①　一种常见的物理主义观点认为，现有的物理主义无法说明意识经验的诸多方面，并不代表意识就一定是非物理的。物理学是不断发展的，虽然我们现在无法用物理术语解释意识问题，但这个问题在理论上是可以解决的，可以推迟到我们对于心灵的物理基础有了足够的进展以至于能对它们提供解释为止。对此，赫尔曼认为对上述物理主义观点的最有力打击来自亨佩尔（Carl Hempel）。亨佩尔指出物理主义面临如下困境："如果物理主义原则的基础是现有的物理学，那么我们就有充分的理由认为这些原则是错的；而如果它们不是基于现有的物理学，那么这些原则就难以理解了，因为它们是基于还不存在的物理学形成的。"这种观点被称为亨佩尔悖论，他由此认为"当代物理学确实是不完备的（甚至在它的本体论方面）以及不精确的（在它的定律上）"。参见 Hellman, Geoffrey, "Determination and Logical Truth", *The Journal of Philosophy*, 1985, 82 (11): 607–616, p. 609。

②　这里的"心理的"（psychological）基本等同于认知科学，特指与"现象的"相对的心灵属性。前文的"心灵（mental）状态""心灵（mental）事件""心灵（mental）现象""心灵（mental）属性"等概念，既包括此处的心理的心灵概念也包括现象的心灵概念。如，"心灵属性"（mental properties）可划分为"心理的属性"（psychological properties）和"现象的属性"（phenomenal properties）。

一方面指一种不愉快的内在感受体验，另一方面指由机体损伤所引起的神经状态，当"心理的疼痛"呈现时"现象的疼痛"也会呈现，它们共同构成了日常的疼痛概念。可见，现象的属性和心理的属性是共现（co-occurrence）的，有意识的经验不可能凭空产生，它始终依赖于（或伴随着）心理的认知过程。但心理的状态不等于该状态所引起的现象属性即意识经验，看见红色物体时的心理的状态（具体而言是大脑皮层的神经元活动）不等于个体在该状态下对于红色的感受，因此两者虽然共现却又相互区别，任何一方都不能取代另一方。受趋同出现性的影响，心灵的心理和现象的方面时常被混为一谈，就日常语言而言，两者的混淆并不会造成交流障碍，但就哲学分析而言，心理与现象的混淆则严重阻碍了对心灵概念的理解，导致心灵的现象属性很长一段时间都处于神隐状态。行为主义以外部的行为或行为倾向解释心灵概念，彻底排除了心灵的现象概念；功能主义以功能状态（因果角色）定义心灵概念，试图将现象的同化为心理的，这两种理论都仅解释了心灵的非现象部分，因而是片面甚至错误的。

心灵的现象方面通常指意识经验问题，意识就是认知主体的现象属性体验，这是意识概念的核心含义，但不是唯一含义，与心灵概念的两面性相对，意识概念也具有双重内涵：心理的意识和现象的意识。心理的意识概念包括很多种类，如觉醒（awakeness）、内省（instrospection）、自我意识（self-consciousness）等都与意识的心理方面相关，这些概念被统称为觉知（awareness）。觉知概念是指对已获得的信息在行为控制或口头报告中的存取和利用，比如对视觉信息的神经加工能够指导行为活动并被认知地表达，这显然是一个功能性的概念。而我们一般所说的意识是指现象的意识概念，它是信息加工过程中认知主体内部发生的主观经验，用托马斯·内格尔的术语表述就是现象的意识描述了"处于某种心灵状态下是怎样一回事"，简而言之即感受性质①。现象的意识始终伴随着觉知，当一个系统觉知到某种信息时，该系统通常就有关于某种信息的意识经验，因此意识与觉知之间存在对应关系，甚至可以说现象的意识是依据联系到觉知的功能组织而发生的。②

在过去的十几年间，对意识的心理方面的研究已十分活跃并随着科学的进步而日臻成熟，这些研究主要涉及对于认知或行为的功能解释，尽管具体问题的解决依旧困难重重，但我们有理由相信认知科学和神经科学能够提供一个清晰的研究纲领，因此我们称心理的意识为意识的"易解问题"。对心灵的自然化而言，真正的"难解问题"是关于现象的意识的问题，即便我们已经解释了有意识的系统的所有相关功能，我们仍需进一步解释为什么这种系统具有意识经验？为什么信息的加工或功能的执行会引起内在的主观经验？如何引起？③ 这些问题不仅是困难的更是神秘的，现有的意识理论都有意或无意地回避了现象的意识，提出的诸多功能说明为人们理解不同的觉知（心理的意识）提供了恰当的途径，然而这些理论对于理解意识之谜的核心——意识经验问题并未起到多大作用，现象的意识依旧悬而未解。为了便于表述，以下在使用"意识"一词时将单指现象的意识，涉及心理方面时则使用"心理的意识"或"觉知"。

---

① 在不作特殊限定的情况下，本书将"现象意识"与"感受性质"作同义词使用。

② 关于（现象的）意识和觉知间的关系，详见第二章"心理物理法则"一节关于结构一致性定律的论述。

③ 西格尔直接将查尔默斯的意识"难解问题"称为"产生问题"（generation problem），即意识经验为何以及如何从物理基质中产生出来。参见 Seager, William, "Consciousness, Information, and Panpsychism", in Jonathan Shear(ed.), *Explaining Consciousness: The Hard Problem*, Cambridge, Mass. : MIT Press, 1997, p. 269。

处理意识问题的最容易方法就是否定意识的存在，特别是在脑科学以及人工智能飞速发展的驱动下，许多哲学家、科学家都倾向于将意识的所有方面归结为大脑中的神经元结构及其活动过程，认为所谓的意识经验或内在感受只是人们的"幻觉"。以国内学界为例，著名数学哲学家叶峰教授在《为什么相信自然主义及物理主义》一文中明确指出："感觉、意识是大脑神经元活动的属性与功能……是因为犯了'我执'的谬误，才幻想着从那个虚无的'自我'的角度，'看到了'所谓纯粹的感觉、意识活动、意向内容等。"① 叶峰教授认为，没有所谓的"主体""自我"，是大脑正常的自我意识功能导致大脑不自觉地预设了一个独立的"自我"，他将这种预设称为"我执"。他主张人们对于不可还原的感受性质的直观信念是出于"我执"的幻觉，实际上"红色感受"只是一种作为神经元结构状态的现象概念（phenomenal concepts），不存在什么本质上非物理的属性。持上述观点的学者不在少数，在这种情况下，脑科学的意识研究似乎可以取代哲学的意识研究，那么哲学的意识研究还有什么意义呢？

对此，笔者认为科学与哲学具有不同的疆域，意识经验可以成为科学的合法对象，但哲学问题不可能完全交由科学回答，脑科学的意识研究更不可能担负起哲学的全部重担。首先，对意识的"难解问题"存在与否的判断关系到对待意识问题的基本态度。查尔默斯曾指出，对意识问题的处理是以严肃地对待意识为前提的，这意味着承认"除了各种功能实施之外，还存在某些有待解释之物"②。

---

① 叶峰：《为什么相信自然主义及物理主义》，《哲学评论》第 10 辑，武汉大学出版社，2012，第 25 页。

② Chalmers, David J., *The Conscious Mind: In Search of a Fundamental Theory*, New York: Oxford University Press, 1996, p. 167.

他不否认这一前提在某些方面涉及直觉，但目前为止没有论证足以反驳推翻该前提，反对者通常只是简单地否定它。叶峰教授在论及关于意识的直观信念时，也只是反复强调这是出于"我执"的谬误，他最终仅指出属性二元论在直观信念上的前后矛盾，① 因而不能以此作为理由来反对物理主义，但并没有提出任何具体的论证以反驳直观的意识感受。严肃地对待意识，这是本书以及所有哲学的意识研究的首要前提。

其次，即便是对于意识的科学研究也无法取代哲学的意识研究，两者实际上并不处于同一层面，研究目标和意义也都不尽相同。靳希平教授指出，美国脑神经生物生理学家埃德尔曼（Gerald M. Edelman）通过阐明脑科学研究的适用区域，以脑科学的具体成果支持了对意识的哲学研究。② 在《意识的宇宙——物质如何转变为精神》一书中，埃德尔曼认为脑科学的研究任务就是要解释意识的基本特征背后的脑神经过程，他反对将人脑理解为计算机系统③，主张脑的关键性运作不是通过接受指令性的代码，而是通过选择。他称此为神经元选择理论，

---

① 参见叶峰《为什么相信自然主义及物理主义》，《哲学评论》第 10 辑，武汉大学出版社，2012。

② 参见靳希平《脑科学尚无法取代哲学的意识研究——〈意识的宇宙〉刍议》，《哲学动态》2016 年第 1 期。

③ 将人脑的复杂体系类比为计算机的运作过程是一种广为流行的看法［不仅是民间的流行看法，而且备受科学家和哲学家的推崇，如"人类大脑工程"（The Human Brain Project）］，"记忆储存说"就是这种类比下的典型产物，即将记忆类比于计算机对信息的调取，认为记忆是被分散"储存"在各个神经元内部的，当我们试图回忆什么的时候，这些记忆就会被"调取"出来。然而实际上，已经有越来越多的科学家注意到，这种对大脑的信息处理比喻虽然根深蒂固却是明显错误的，"即使我们能够捕捉到大脑里 860 亿个神经元，然后在电脑里刺激这些神经元的状态，这个巨大的模型一旦脱离了制造出它的大脑将没有任何意义"。相关论述参见 Epstein, Robert, "The Empty Brain", retrieved from https://aeon.co/essays/your-brain-does-not-process-information-and-it-is-not-a-computer。

这种理论强调整个神经系统的弥散性连接，因而更好地解释了人的学习和适应性行为①，而在一个人造系统中是没有这种行为特征的。②在埃德尔曼看来，上述科学研究和理论假说为理解人脑的功能提供了必要的基础，脑科学是关于意识的神经基础的研究，"而不是在意识之为意识的层面上去研究这种主观经验本身所遵循的操作规则是什么，这就进入到了哲学的层次"③。可见，脑科学为哲学的意识研究提供了强有力的支持，使其成为"有生物学基础的认识论"，但描述意识并不等于产生和经验意识，脑科学并没有取代哲学的意识研究。我们应当根据科学领域的发展适时调整关于意识的理论，但如果因为脑神经科学的发展，就使得人类认为"自我"仅是一种"我执"，"自我"只是一堆脑神经元的活动，这将是人类的最大悲哀。科学的哲学并不意味着哲学成为科学，科学的意识理论也不意味着纯粹的脑神经科学。

二　意识的反物理主义论证

物理主义无法对意识问题作出令人满意的解释，无论是何种类

---

① 学习和适应能力是人脑的基本特征，这种神经机制的可塑性同样无法在将人脑比作计算机的观点中得到解释。大脑的神经结构是随着经历不断发展变化的，它不停地受外界需求的影响而改变内部的神经分配（即用进废退）。例如，后天失明者原本的大脑视觉皮质由于长期不接受外界刺激，会转换为听觉皮质的功能，因此盲人的听觉能力通常比正常人要灵敏的多，即便他在失明之前并不如此。又例如，一个成年人的运动皮质区会随着外界刺激而改变大小，运动皮质区的范围会在训练的前、中、后三个时期由小变大再变小。参见洪兰教授讲座视频，https://www.youtube.com/watch?v=u8axrHxHdKo。

② 参见〔美〕杰拉尔德·埃德尔曼、〔美〕朱利欧·托诺尼《意识的宇宙——物质如何转变为精神》，顾凡及译，上海科学技术出版社，2003。

③ 靳希平：《脑科学尚无法取代哲学的意识研究——〈意识的宇宙〉刍议》，《哲学动态》2016年第1期，第70页。

型的物理主义都无法将意识彻底还原为人的行为或阐释为大脑的功能，这些解释也许对于意识的心理方面十分有效，但在解释意识的现象方面却并不适用。对于意识（或感受性质）抵制物理主义解释的论证大致可以划分为三类——可设想性论证、解释性论证和知识论证，这些论证通常也被称为反物理主义论证。

1. 可设想性论证

可设想性论证主要包括克里普克的模态论证（the modal argument）和查尔默斯的"怪人"（zombie）论证两个版本。

克里普克的模态论证基于他在《命名与必然性》一书中提出的语义学理论。他认为人们在最初给专名（proper name）命名时会通过引入一些描述性特征即摹状词（descriptions）来确定，但专名的指称不是由含义决定的，人们是通过历史的、因果的传递链条来获得专名的指称。一个专名要保持其指称的严格性，就必须没有含义，可见专名属于严格指示词（rigid designator），即在所有可能世界都固定地指称同一个对象。克里普克将专名理论进一步扩展到自然种类的通名，如"水""金""热"等词，他认为自然种类的通名包含对其特征的描述因而具有一定意义（克里普克和普特南多少接受或暗示这种观点），但其中并不包含它的本质特征，即不直接关涉指称，通名也是通过历史的、因果发展的链条获得指称的。[①] 根据上述语义学理论，克里普克认为"水是 H_2O"是后验必然（a posteriori necessity）命题，尽管它是通过科学研究发现的真理，但它必然为真，水在所有可能世界都固定地指称 H_2O 这种物质。我们可以设想在某个可能世界中，有和水的表面特征一样而化学结构不是 H_2O 的物质，

---

① 参见 Kripke, Saul A. , *Naming and Necessity*, Cambridge, Mass. : Harvard University Press, 1980。

但在克里普克看来，这种物质只是感觉像是水但实质却不是水。同样地，我们可以设想在某个可能世界中，某人感觉到热却不存在分子运动，对此克里普克认为只是有人有热的感觉但热并不存在，他的语义学理论约束了"热"这个词在所有可能世界中都指称"分子运动"。所以认知上的可设想性并不能推出形而上学上的可能性。

然而，这种后验必然性论证并不能用来捍卫物理主义同一论，即"疼痛就是 C-神经纤维的激活"。我们可以设想在某个可能世界中，某人大脑中的 C-神经纤维被激活，但他却感觉不到疼痛。但与前述情形完全不同的是，克里普克认为我们不能声称疼痛依然存在而只是有人感觉不到疼痛。不同于"水"和"像水的感觉"、"热"和"热的感觉"之间的区别，"疼痛"的本质就是"疼痛的感觉"，一个人的疼痛存在当且仅当这个人有疼痛的感觉。因此疼痛而没有大脑神经生理状态（或者相反）不仅仅是可设想的，不可能像前述情形那样被后验必然的语义学理论所推翻。这里的可能世界是形而上学可能的，因此心灵状态并不必然地同一于物理状态。

可见，克里普克反物理主义模态论证的关键在于诉诸语义学直觉，即构成疼痛状态本质的是且仅是疼痛的感觉。但是这种关于本质属性的主张是难以论证的，因而并不可靠。在克里普克模态论证的基础上，查尔默斯延续了对于必然性和可能性的考察，提出了关于"怪人的逻辑可能性①"（the logical possibility of zombies）的论证。他认为可以设想一种怪人：它在物理方面与有意识的存在物完全相同，但它根本没有任何意识经验。怪人可能是经验颠倒的，也有可能是局部的怪人即缺少某些经验，甚至可以扩展至怪人世界：这

---

① 查尔默斯通常不加区分地使用逻辑可能性和可设想性，他对此用法的论证详见第二章"逻辑随附性与反物理主义论证"一节。

个世界在物理方面与我们的世界相同，但在这个世界中没有意识。依照查尔默斯对心理的意识和现象的意识的划分，怪人甚至可能在心理的意识上也与我们完全相同，即不仅在物理上而且在功能上也无差异，但它不存在现象的意识，因此是现象的怪人。查尔默斯认为尽管怪人是实证上不可能的，它不存在于现实世界中，但关于怪人的逻辑可能性并不存在任何问题，从怪人的可设想性出发能够推出怪人的形而上学可能性。与克里普克依赖于严格指示词、后验必然性等语义学理论不同，查尔默斯的论证依赖于随附性概念，该论证的核心在于反对意识逻辑地随附于物理，也就是说（如克里普克所说①）上帝在创造了我们世界的物理过程之后，为了保证这个世界有意识而区别于怪人世界，上帝必须做更多的工作。因此，关于怪人的可设想性论证表明，意识是非物理的，物理主义是错误的。

查尔默斯同样认为后验必然性论证不能驳倒对于意识的可设想性论证，但不同于克里普克对语义学直觉的求助，查尔默斯通过二维语义学（two-dimensional semantics）区分了主内涵（primary intension）和次内涵（secondary intension）②。他认为对于意识是否逻辑地随附于物理的判定，相关的可能性应使用所涉及概念的主内涵加以评价（认识性评价），而不是使用次内涵加以评价（反事实评价）。③通过分析指称的二维语义学特征以及明晰语词意义和必然性，查尔

---

① 查尔默斯认为，克里普克模态论证的可靠核心，本质上也来自对逻辑随附性失效的论证，参见 Chalmers, David J. , *The Conscious Mind: In Search of a Fundamental Theory*, New York: Oxford University Press, 1996, p. 149。

② 或译为"初始内涵"和"附属内涵"，参见黄益民《从语言到心灵：一种生活整体主义的研究》，江苏人民出版社，2014，第 255～256 页。

③ 关于查尔默斯二维语义学理论的具体论述详见第二章"逻辑随附性与反物理主义论证"一节。

默斯指出克里普克的后验必然性论证不足以构成对"从可设想性到可能性"这一模态判断的反驳,"次内涵和后验必然性仅仅构成了语义学的不同而非形而上学的不同"①,因此并不能排除可设想世界的形而上学可能性。

2. 解释性论证

克里普克关于后验必然性的论述使物理主义者断言,可设想性论证不能在形而上学的意义上驳倒物理主义。查尔默斯通过二维语义学指出,克里普克的论证不能否定关于可设想性的形而上学假设,物理主义在本体论层面就是错误的。与查尔默斯的反物理主义思路不同,列文从认识论的角度提出对物理主义的批判,其初衷是为了将克里普克反对心灵物理同一性的形而上学论证,转化为较弱的认识论观点。列文以解释"水的沸腾现象"为例指出,在自然科学解释中,通过解释相应的微观物理、化学事实,就能够解释对应的宏观世界现象,两者之间没有任何遗漏因此不存在解释上的鸿沟。然而物理主义对于意识的还原论解释则不同,无论对大脑的物理(包括功能)解释多么详尽和丰富,我们仍然无法解释相应大脑状态下的感受性质,否则我们就不可能如此清楚地想象一种有神经生理过程却没有相应意识感觉状态的情形,可见在物理层次和有意识的经验之间存在一种"解释鸿沟"。② 也就是说,伴随物理过程出现的意识是一个更进一步的事实,简单的物理事实不能满足对意识的解释(但这并不意味着物理事实与意识的解释无关)。列文认为,即使物理主义在形而上学意义上是正确的,但在物理主义的解释框架中,

---

① Chalmers, David J., *The Conscious Mind: In Search of a Fundamental Theory*, New York: Oxford University Press, 1996, p. 136.

② 参见 Levine, Joseph, "Materialism and Qualia: The Explanatory Gap", *Pacific Philo-sophical Quarterly*, 1983, 64(4): 354 – 361。

单凭解释了结构和功能的物理说明不足以解释意识，因此物理主义在对意识或感受性质的解释中留下了难以填补的解释鸿沟。这种解释鸿沟在自然科学对其他问题的解释中是不存在的，所以物理主义至少在认识论上是令人困惑或有严重缺陷的理论。在列文看来，解释鸿沟完全是一个认识论上的问题，与形而上学上的客观事实并无必然联系。①

3. 知识论证

对于物理主义的反驳常与直觉相关，反物理主义的知识论证正是在此基础上提出的，一般认为杰克逊通过"玛丽黑白屋论证"的思想实验对知识论证的权威版本给出了生动的说明。根据这个版本，杰克逊设想玛丽是一位视觉方面的神经科学家，她掌握了与颜色视觉有关的一切物理过程，但玛丽从出生起就被关在黑白房间里并且只能通过黑白的书籍和电视来研究世界，她从未经验过其他任何一种颜色。那么当玛丽走出黑白房间或者看到一台彩色电视时，会发生什么？杰克逊认为，当玛丽第一次看到红色时，我们在直觉上明确地感到她学到一种此前不知道的新知识：关于红色的现象体验即感觉经验。② 也就是说，玛丽原则上应该能够根据她完备的物理知识和演绎能力得到关于红色的经验，但事实上她对于红色的经验一无所知，因此关于意识的知识不能先验地从物理知识中推导出来，物

---

① 对于物理主义独立于认知层面的"形而上学必然性"，列文试图通过他的情形—表象理论进行论述，对此本书不作详细说明，相关论述参见 Levine, Joseph, *Purple Haze: The Puzzle of Consciousness*, Oxford: Oxford University Press, 2001, pp. 39 – 46。

② 参见 Jackson, Frank, "Epiphenomenal Qualia", *The Philosophical Quarterly*, 1982, 32 (127): 127 – 136; Jackson, Frank, "What Mary Didn't Know", *The Journal of Philosophy*, 1986, 83(5): 291 – 295。

理知识并未穷尽所有事实，因而物理主义是错误的。①

　　知识论证不是作为反对还原性解释而提出的，而是要论证从物理事实到现象事实不存在先验的衍推（entail）关系，即逻辑随附性的失效。与此相类似，内格尔的"蝙蝠论证"也试图证明完备的物理事实并没有告诉我们有意识的经验究竟为何，即便能够探知关于蝙蝠的所有物理事实，甚至能够想象按照蝙蝠的方式来生活或行动大概是怎么一回事，但我们仍然不知道成为一只蝙蝠在意识经验上是怎样一回事。从这种角度来看，查尔默斯的"怪人论证"也属于知识论证的一种形式，即便是在物理条件上与我们完全相同的对象，也不能确保它同我们一样具有意识经验，它可能只是没有任何意识的怪人。知识论证自提出以来在心灵哲学领域产生了广泛的影响，许多物理主义者都对此作出了回应②，他们试图通过否认玛丽获得了关于世界的新知识从而维护物理主义的完备性，但就目前而言这种否认是难以置信的，知识论证对物理主义随附性的挑战依然存在。

　　综上所述，反物理主义论证的方式虽然多种多样，但主要围绕着两个方向展开。一方面，侧重于论证意识经验不能先验地从物理事实中推导出来，意识并非逻辑地随附于物理的，包括可设想性论

――――――――――

① 然而，杰克逊在后期摒弃了知识论证以及其他反物理主义论证，他认为造成知识论证之谜的原因在于直觉知识的"幻觉"。杰克逊曾明确写道："大多数当代哲学家在面对跟随科学还是跟随直觉的抉择时选择了前者。尽管我曾经与多数人的观点相左，但最终我还是屈服了，现在我意识到了以直觉反驳物理主义的论证究竟错在何处，尽管这些论证看上去很有说服力"。参见 Jackson, Frank, "Mind and Illusion", in Anthony O' Hera(ed.), *Minds and Persons*, Cambridge: Cambridge University Press, 2003, p. 251。

② 这些回应文章被整理收录在 2004 年出版的关于知识论证的论文集中，参见 Ludlow, Peter, Nagasawa, Yujin and Stoljar, Daniel(eds.), *There's Something about Mary: Essays on Phenomenal Consciousness and Frank Jackson's Knowledge Argument*, Cambridge, Mass. : MIT Press, 2004。

证、解释性论证、知识论证等；另一方面，侧重于论证认知层面的可设想性与形而上学层面的可能性的联结，否认物理主义的随附性命题是后验必然为真的，主要指模态论证。在查尔默斯看来，前者涉及解释问题而后者涉及本体论问题，这两种论证方向相互补充，共同构成了对物理主义的有力反驳。对此观点，本书将在第二章中结合随附性理论，详细论述查尔默斯的反物理主义论证。

第三节　二元论下的心—身问题研究

心灵的自然化实际上就是如何将意识自然化，难题就在于如何将现象意识自然化，然而物理主义没能对意识的难解问题给出充分的解释，因而说明物理特征没有穷尽世界的所有基础特征。于是，我们必须扩展关于世界的基础特征的"目录"，既要认识到对意识的物理主义说明的不完备性，也要避免对之作出某种超自然的解释，这就意味着意识的自然化走向二元论路径。然而这种二元论转向并非旨在恢复传统的二元论形态，我们必须看到以往的二元论在解决心身关系问题上存在诸多困难，对此我们有必要分类考察批判，并在此基础上建立起意识自然化的新进路。

一　笛卡尔的二元论及其遗产

二元论与一元论（monism）相对，认为事物或原则存在本质上不同的两个基本种类或范畴。在心灵哲学中，二元论是一种主张心灵与物理（或心灵与身体、心灵与大脑）在本质上完全不同的理论，虽然对于这种"不同"究竟为何尚有争论，但二元论普遍认为存在无法用物理术语或相容于物理的术语解释的心灵现象。依据不同标准，二元论可以被划分为多种类型，通常我们将它分为实体二元论（substance dualism）和属性二元论（property dualism）。①

实体二元论的最典型代表是笛卡尔的二元论，其理论奠定了近代二元论的理论基础。笛卡尔的身心二元论以其实体学说为基础，他从普遍怀疑出发，在形而上学体系内依次确立了心灵、上帝和物质的存在，他称这三者为"实体"。按照笛卡尔的定义，最终符合实体规定的只有"上帝"即"绝对实体"，但引入上帝只是为了在认识论上确保知识的真理性的同时为其理论提供一个存在论上的逻辑基础，而世上的万事万物则要么依附于具有思想属性的心灵实体，要么依附于具有广延属性的物质实体。笛卡尔认为，心灵的属性是思想，物质的属性则是广延，心灵无广延，而物质无思想，两个实体间互不依赖、互不干涉，处于二元对峙的关系之中，这就是笛卡尔在实体问题上的二元论观点。延续实体观上的二元论思想，笛卡尔认为人的身体和心灵也是彼此独立的，是不能互相产生、互相决定的，身体不能思想，而心灵则没有广延，不占据任何空间。此外，身体是永远可分的，而心灵完全不可分，是绝对单一而且完整的，由此他进一步得出肉体是可灭的，精神、灵魂则是不朽的，灵魂不会随着肉体的死亡而消散。上述观点被称为笛卡尔的"身心二元论"。

但是，笛卡尔作为一个科学家不能无视身心之间相互作用、相

① 除实体二元论和属性二元论外，部分学者指出在本体论层面还存在一种谓词二元论（predicate dualism），即主张心理学谓词或心理主义谓词不能还原为物理主义谓词。对此理论本书不作详细讨论，相关论述参见：Robinson, Howard, "Dualism", in Stephen. P. Stich and Ted. A. Warfield(eds.), *The Blackwell Guide to the Philosophy of Mind*, Oxford: Blackwell, 2003, pp. 85 – 101; Robinson, Howard, "Dualism", in Edward N. Zalta & Uri Nodelman(eds.), *The Stanford Encyclopedia of Philosophy* (Spring 2023 Edition), retrieved from https://plato. stanford. edu/entries/dualism。

互影响的事实，如果像他的身心二元论所说的那般，身体和心灵彼此完全分离，那么要如何解释现实中人的身心之间的协调一致性呢？在认识到这一理论困境后，笛卡尔又提出"身心交互论"，他认为人的身体和心灵不能分别地存在，人实际上是物质实体和心灵实体的联合体，两者虽然不同却联系的如此密切。为了解决身心相互作用问题，他设想在人体内存在身体和心灵互通的中介，通过研究人体解剖学和生理学，笛卡尔指出这个连通身心的中介就是"松果腺"。

显而易见，笛卡尔的实体二元论尽管认可了心灵的地位，却面临无法解释心物因果作用的困境。他所提出的身心交互的解决方案，不仅与实体二元论明显矛盾，该理论自身更是难以自圆其说，"松果腺"的存在也早已被神经科学所否认。以上问题不仅折磨着晚年的笛卡尔，而且也成为笛卡尔之后的唯理论者共同面对的一个难题，形成了关于心身关系问题绵延不绝的哲学争论。这其中，一部分学者延续了笛卡尔的实体论思路并对身心在实际中的协调一致给出了新的说明，如马勒伯朗士的"偶因论"、莱布尼茨的"前定和谐"（pre-established harmony）理论；另一部分学者则将争论的焦点从实体问题转向属性问题，即心灵属性和物理属性的关系问题，如斯宾诺莎的"身心平行论"（或两面论），这种观点被视为属性二元论的典型理论形式。

属性二元论主张世界上存在两种本质上不同的基本属性，这种理论内部又存在进一步区分。一部分学者认为既不存在心灵实体也不存在物理实体，两者实际上都是状态、属性或事件的集合，这种理论的主要倡导者有休谟；另一部分学者则承认物理实体，认为心灵是状态、属性或事件的集合，心灵状态是物理实体的非物理属性，它虽然来自物理实体及其物理构造，却具有不可还原性。后者是属性二元论的主要表现形态，以斯宾诺莎的观点为例，他认为实体只有一个即神或自然（三个范畴合而为一），作为"实体的本质"的属性有无限多个，但能被我们认识的只有思想和广延两种属性。这两种属性既同属于一个实体，又是彼此独立、互不决定的，思想只构成和表现实体的心灵方面，而广延也只构成和表现实体的物质方面。当实体具体化为样式时，就呈现为广延属性的样式和思想属性的样式两个相互平行的系列。对于这两个系列的关系问题，斯宾诺莎一方面承认广延和思想两个属性不存在相互的因果联系，两个系列各自遵循自己的因果次序，相互平行、互不干预，持"平行论"观点；另一方面他又认为广延属性和思想属性同属于一个实体，因此两者所在的样式系列的因果次序也是"同一"的、"同时发生"的，持"同一论"观点。简而言之，属性二元确保了身体与心灵的彼此独立，实体一元又保证了身心先验的或内在的协调一致。可见，斯宾诺莎试图以实体一元论克服笛卡尔二元论的难题，但其理论并没有从根本上避免二元论及其面临的困境。

尽管二元论一度活跃于近现代早期的哲学舞台，但对此的讨论和批判也相继涌现，特别是1949年赖尔在《心的概念》中以"范畴错误"彻底清算了笛卡尔的"机器中的幽灵"之后，大多数哲学家不再持有传统的二元论立场。在此之后，科学技术浪潮下物理主义的蓬勃发展，更使得二元论一度被视为守旧落后的哲学理论。然而，随着意识"难解问题"和"解释鸿沟"问题的持续发酵，物理主义对心灵的自然化进程不断受阻，二元论又以新的姿态重新回归主流哲学视野。除了少数学者坚持笛卡尔式的实体二元论或在此基础上作出改进外，当代二元论关注的焦点已超越实体二元论转向以属性二元论为代表的各种新形态。新型属性二元论在吸收物理科学研究成果的基础上，接受物理主义关于意识产生于、依赖于大脑的原则以及神经科学对大脑的认知功能的描述，承认存在联系心灵属性和物理属性的基本定律，并认为能够通过科学的方法对此进行研究，带有强烈的"科学"色彩。但新型属性二元论认为，这种联系心物属性的基本定律在原则上独立于物理定律，心灵属性不能以物理的因果、结构、功能等方式得到完整的描述和解释，心灵具有不可还原的主观性特征。① 当代二元论试图既突破物理主义又超越传统二元论，重新认识和回答以往学说难以解决的瓶颈问题，为心—身问题的研究提供新的可能性。

二　二元论的根本问题——心物因果作用问题

不论是实体二元论还是属性二元论，不论是传统二元论还是当代二元论，二元论的各种理论形式最终都要面临心物因果作用问题，这是二元论的根本问题也是对其最主要的哲学诘难。按照二元论的主张，除物理外还存在非物理的心灵，对于这两者的因果作用关系二元论必须给出明确的说明，此外更为严重的是，心物因果作用与物理世界的因果闭合原则相冲突。物理科学认为，物理世界的每一个事件都有一个物理上的充足原因，这个"物理上的充足原因"是指物理事件能被物理世界的自然法则以及它之前的物理状态完全地、直接地决定。这意味着物理世界在因果解释上是自给自足的，到物理世界之外去寻找物理事件的原因是不必要的，可见在物理解释的

---

① 这里的属性二元论与一种最弱形式或具有最少还原色彩形式的物理主义十分相近，后者是一种物理主义版本的属性二元论，属于非还原物理主义。两者的区别在于，后者认为物理属性是基础的，心灵属性要么还原要么依赖或随附于物理属性（先验的决定关系），前者则反对这种观点。本书中的属性二元论均指非物理主义版本的属性二元论。

因果链条中没有给非物理的心灵留下任何位置。[①] 因此，二元论必须解释作为新的基础特征的现象意识与因果闭合的物理网络之间的关系问题，并进一步说明纯粹的心灵现象能否作为原因与物理现象相互作用，心灵的因果关系（mental causation）成为二元论乃至心灵哲学的焦点问题。二元论对此问题的不同处理大致可以划分为以下三种观点。

1. 否认物理因果闭合，承认心物因果作用——交互论

交互论主张身心间的双向因果关系，认为微观物理学不是因果闭合的，心灵现象起着一种影响物理世界的因果作用，因而意识能够扮演一种自主的因果角色。按照这种观点，一方面物理现象会引起心灵现象，另一方面心灵现象对大脑的物理过程以及行为也起到因果作用，微观物理现象不是由物理原则单独决定的。这种心物之间的相互作用关系与人们的常识信念相符合，物理世界通过感官影响着我们的经验，而我们通常也对这些感觉经验在行为上做出反应，同样地，我们的思考也影响着言语和行为，因此人们自然地倾向于赞同这种交互论。笛卡尔的实体二元论是交互论的典型代表，同时这种观点也与属性二元论相容。

交互论的最大争议在于它与自然科学的基本原则相互冲突。一方面，当代物理科学认为，微观现象是宏观现象的原因，而微观物理领域是因果闭合的，因此非物理的心灵现象不可能成为物理现象

---

① 物理世界因果闭合原则的通行定义并没有承诺一个物理事件不能有非物理的原因，但是物理主义的另一条基本原则——因果排他性原则认为，任何事件不能具有两个或两个以上在任何时刻都同时发生的不同的充足理由，否则就属于因果过决定。综合这两个基本原则，如果容许对物理事件的心灵解释存在，则意味着存在无法获得物理解释的事件，这违背了物理世界的因果闭合原则，因此不存在以非物理的心灵作为原因。

的原因；另一方面，按照物理学能量守恒定律，物理世界的能量总和不能增加减少只能相互转化或重新分布，如果心灵的因果效力在物理系统中不断进出，将会改变物理世界的能量总和，从而违反能量守恒定律。物理世界的因果闭合性及能量守恒定律严重打击了心物交互论，对此，交互论者作出各种回应。有学者指出，如果在因果上的过度决定是可能的，那么关于物理世界的因果闭合假设就不再是完全合理的，米尔斯就是这种观点的拥护者。他认为物理事件能够具有某种不被它的充足理由事件所解释的特征，例如，石头砸破窗户是窗户破碎的充足理由，而该窗户还有一个特征即它是这所房子今年破碎的第三块窗户，但这个特征的原因在于先前已经有两块窗户破碎这一事实，并不是因为石头砸破窗户这个充足理由。① 不过，米尔斯的上述原则并没有说服过决定的反对者，他们认为所谓过度决定必须是一个事件的多个充足理由（即任何一个理由发生都会引发该事件）在同一时间发生，这种情况的出现只能是巧合而非普遍，不存在过度决定原则。可见，对于是否存在普遍的因果过决定的问题依旧是有争议的。还有学者主张，建立在能量守恒定律上的对交互论的反驳实际上不能成立，因为能量守恒定律并非在物理学中普遍存在，这种观点主要由科林斯提出。他认为能量守恒无法应用于广义相对论、量子力学以及宇宙整体论，因此也很可能无法应用于心物的相互因果作用，也许意识能够在能量守恒定律不被应用的情况下，使物理系统中的能量产生变化。② 当然，这种对物理理论作出重大修改的主张是极富争议的，同时也是无法轻松实现的。

---

① 参见 Mills, Eugene, "Interactionism and Overdetermination", *American Philosophical Quarterly*, 1996, 33(1): 105 – 117。

② 参见 Collins, Robin, "Modern Physics and the Energy-Conservation Objection to Mind-Body Dualism", *American Philosophical Quarterly*, 2008, 45(1): 34 – 39。

就目前而言，对交互论的最有力支持来自一种量子力学的意识—坍缩解释。量子力学认为世界的状态被波函数（wave function）所描述，而波函数能按两种方式进化：一种是根据薛定谔方程（Schrödinger equation）的线性进化（倾向于产生叠加状态），属于物理决定论；另一种是非叠加状态的非线性坍缩，属于物理非决定论。如果说物理法则是决定论的，那么任何来自外部的干扰都会导致法则的破坏，而如果物理法则是非决定论的，那么关于物理因果闭合的问题将得到彻底改变。可以说，物理的非决定论给非物理作用留下空间，因此坍缩动力学提供了一种可能的交互论解释，根据这种解释，意识在"波函数的坍缩"中发挥着因果作用。不过，这仅是对于量子力学的其中一种阐释，其理论可行性以及与其他基础物理理论的相容性还存在很大争论。例如有反对者认为非决定论只存在于亚原子层面，即便是对于很小的宏观现象也不能作此解释；还有学者指出，大脑的结构是被高度调谐的（finely tuned），些许的改变都会导致犹如"蝴蝶效应"一般的宏观结果。对此笔者认为，尽管物理世界的因果闭合原则十分自然也极具吸引力，但如果我们坚持对意识的非还原解释并希望保留关于其因果作用的直觉，那么就应当进一步认真对待这种借助量子力学的交互论。①

2. 承认物理因果闭合，否认心物因果作用——平行论

平行论同时保留了物理和心灵两个领域，但否认两者之间存在任何因果联系、相互作用。平行论主张非物质的心灵和物质的身体相互独立，彼此平行地经历变化，两者的运转之所以能和谐同步，并不是通过相互作用从而约束对方，可见平行论不排斥物

---

① 第二章"量子交互作用论"一节将进一步阐述这种借助量子力学的交互论。

理世界的因果闭合。对于心身之间如何能够平行发展而又协调一致，平行论内部给出了不同的观点。一派学者依赖有神论的理论架构，代表人物有马勒伯朗士和莱布尼茨。马勒伯朗士认为，心身的表面作用只是一种偶因或奇怪的巧合，不论是物理活动还是心灵活动都是由于上帝的作用，上帝是真正唯一的原因。他将身体与心灵比作墙上的两块钟表，它们彼此之间没有任何影响，两者的协调一致是由上帝调拨的，这种观点被称为偶因论的心身平行论。莱布尼茨也赞同心身之间的协调一致不是相互作用的结果，但他反对偶因论中上帝的随时干预，认为心身的对应关系根源于上帝预设的"前定和谐"。两块钟表不需要上帝随时调拨，而是在设计制造时就已经协调一致、没有误差，也就是说，全知全能全善的上帝在创造身体和心灵时，已经对两者的配合做好了精妙的安排。另一派学者则通过心灵与身体的"一体两面"来确保两者的同步。如前所述，斯宾诺莎认为身体和心灵属于同一实体，因而身体在广延的因果序列上的变化与观念在思想的因果序列上的变化是同时发生的。但这两个系列各自遵循自己的因果次序，具有广延属性的事物遵守机械因果律，而被思想的观念则遵守形式逻辑规律，两个系列之间不存在因果关系。可以说，斯宾诺莎的平行论观点间接承认了物理世界的因果闭合。由于平行论趋向于借助有神论体系，① 这种理论形式尽管活跃于近代舞台，却已基本被当代心灵哲学所淘汰，余下的所谓"新平行论"或多或少承认某种程度

---

① 斯宾诺莎虽然以实体和属性的"一体两面"确保了心身的协调一致，但实体最终与神或自然三者合而为一，即便这里的"神"倾向于"自然化的神"，但依旧没有摆脱有神论的理论架构。

的心物因果作用,① 从而与坚持心物绝对独立的传统平行论有本质区别。

3. 承认物理因果闭合,否认下向因果作用——副现象论

副现象论主张心灵现象是大脑中的物理现象的结果,但心灵现象对物理现象没有任何因果作用,即主张从身到心的上向因果关系(upward causation)而否认下向因果作用。按照这种观点,尽管心灵现象存在,但它只是像"影子"一样伴随着物理过程的无用的副产品,不具有因果效力。副现象论既尊重了科学又尊重了意识,一方面兼顾了物理领域的因果闭合原则,另一方面又坚持了二元论关于心灵现象存在的基本观点,是调和物理科学和身心二元的不可避免的结果。但这种调和恰恰是其问题所在,在物理主义者看来,既然认同物理世界的因果闭合就没有必要在此之外增添心灵现象;而在二元论者看来,对心灵的因果效力的剥夺严重削弱了心灵世界存在的意义,因为按照亚历山大格言(Alexander's dictum),"实在即具有因果力"(to be real is to have causal power)。

副现象论主要面临三个问题。首先,副现象论是极度违背直觉的。副现象论颠覆了人们关于心物作用的常识看法,认为心灵活动

---

① 以香港中文大学钟磊教授的观点为例,他对于两个领域的划分不是按照心灵与物理,而是按照高阶属性与基础物理属性划分的,高阶属性包括心灵属性、行为属性、社会属性等。我们通常所说的心灵属性导致行为,实际上在这一框架中属于高阶属性内部的因果作用,与基础物理属性不发生关系,因此两者是平行的。"自主性进路不应被理解为传统的平行论,即主张心灵属性仅能引起心灵属性的观点。根据我所提出的自主性方案,虽然心灵属性不能引起(基础的)物理属性,但它们却能引起高层属性(如行为的和社会的属性)——如果是这样,人类的能动性便可以在物理世界中被保留下来。"参见 Zhong, Lei, "Sophisticated Exclusion and Sophisticated Causation", *The Journal of Philosophy*, 2014, 111(7): 341 – 360。

对于物理世界而言是没有因果作用的，心灵现象不构成解释行为的原因。然而很显然的是，疼痛的感受经验使我哭泣或说出"很疼"，巨石滚落的视觉经验使我尖叫着逃跑，人们是有意识地去做出行为而非与之相反，因此我们很自然地相信感受经验对人的行为有因果作用。对此批评杰克逊的回应是，同一个原因能够有两个相连的结果，这两个结果总是相继出现但并不具有因果作用关系。他以电影中武打演员间的行为反应为例，认为这些连贯画面只是与投影、电影有关的基础因果过程的结果，武打演员并不是在真实的打斗，这些结果之间不存在因果作用关系。① 然而杰克逊的例子并不适用于类比意识经验的因果作用，在疼痛使人躲避伤害的例子中，将疼痛作为原因的是疼痛者本身，而在杰克逊的例子中没有演员认为拳头真的会打在脸颊，这里根本不存在原因和结果只存在电影拍摄技巧，可见杰克逊的回应忽视了第一人称的关键作用。对副现象论违背直觉的另一种反驳证据来自神经科学，著名的李贝特（B. Libet）实验表明："在被试没有预谋的情况下，弯曲（手臂）的意图这一意识的发生是在神经活动的准备电位出现 350 毫秒之后和手臂肌肉活动 200 毫秒之前。"② 也就是说，意识经验发生在行动产生的物理原因之后，大脑不需经由意识就决定了我们的行动，因此心灵现象并没有对行为起到某种因果作用。关于这一实验能否支持副现象论还存在争议，此外这种极端情况只能说明心灵现象不是物理行为的必要条件，并不能证明不存在从心灵到物理的因果作用关系。

副现象论面对的第二个问题与进化论相关。按照自然选择理论，

① 参见 Jackson, Frank, "Epiphenomenal Qualia", *The Philosophical Quarterly*, 1982, 32 (127)：127 – 136。

② 魏屹东、陈敬坤：《怪人假设与副现象论》，《世界哲学》2014 年第 2 期，第 107 页。

只有对生物体的存续和繁衍有利的特性（traits）才会在进化的过程中被保留下来，如果承认心灵现象存在，那么它必定对生物体是有因果效力的，而副现象论的主张则与此矛盾。对此问题杰克逊通过北极熊的例子进行了回应，他指出北极熊在寒冷的气候中进化出厚皮毛的现象与进化论相符合，但北极熊的皮毛除了厚的特性外还伴随着重的特性，从自然选择的观点来看，皮毛重对于北极熊而言并不是有利于生存繁衍的。可见，有利于生存的特性的副产品会一同被进化论保留，因此心灵现象作为伴随着物理过程的副产品并不与进化论相冲突。① 然而，杰克逊关于北极熊的例子同样并不适用于心物关系，对于心灵现象而言情况是截然不同的。物理主义者认为，物理的自然法则使得大脑状态引起行为，但这并没有解释为何大脑状态会产生意识。这种大脑和心灵之间的连接法则被费格尔称为 "法则悬置"（nomological danglers），即认为心灵现象似乎是强行添加进已经完备的物理法则中的。② 因此进化论似乎无法解释为何会保留作为副产品的意识。

最后一个问题涉及副现象论对他心知识的论证。人们很自然地知道自己处于某种心灵状态，因为我们直接地经验着它们，但我们要如何证明他人也同样具有心灵状态呢？对于他心问题一般采用 "类比论证" 的方法，即我们可以从我们自身推论出来他心：我知道我的某种心灵状态与某种行为相关，从而可以推论出他人的同样的行为也与同样的心灵状态相关。但如果按照副现象论的观点，心灵

① 参见 Jackson, Frank, "Epiphenomenal Qualia", *The Philosophical Quarterly*, 1982, 32 (127)：127 - 136。

② 参见 Feigl, Herbert, "The ' Mental' and the ' Physical' ", in Herbert Feigl, Michael Scriven and Grover Maxwell(eds.), *Concepts, Theories, and the Mind - Body Problem*, Minnesota Studies in the Phiosophy of Science, Vol. 2, Minneapolis: University of Minnesota Press, 1958, pp. 370 - 497。

现象不能作为解释行为的原因，那么我们就无法通过他人的行为了解其他心灵的知识。对此批评杰克逊进行了辩解：心灵状态和行为作为大脑物理过程的结果，可以从一个结果追溯到原因，再从该原因推论出另一个结果，指称他人的心灵状态并不一定需要从心到身的因果关系。他举例说，我从《时代》杂志上读到了关于斯帕斯队获胜的信息，这与《电讯报》上关于斯帕斯队获胜的报道相一致，但我们相信《电讯报》并不是从《时代》杂志上获取的比赛结果，两家报社一定是分别派出记者进行报道。《电讯报》的报道不是《时代》的报道的结果，但后者为前者提供了极好的证据，心灵状态与行为之间也是这种对应关系。① 然而杰克逊在这里似乎混淆了一个单独的原因可以有不同的结果和一类原因可以有不同的结果，更重要的是，这种从他人行为推出他人大脑的物理过程再推出他人心灵状态的方式过于复杂，不符合人们的实际认知方式。

副现象论通过心身的单向因果作用维护了物理的自治权，避免了心物因果作用与物理世界的因果闭合原则的冲突。然而，否定下向因果作用特别是否定心灵现象对行为的解释作用，使副现象论导致一幅断裂的自然图景，这种心灵与物理之间的单向的、微弱的关联明显是违背直觉的②，

---

① 参见 Jackson, Frank, "Epiphenomenal Qualia", *The Philosophical Quarterly*, 1982, 32 (127)：127 – 136。

② 这种所谓的"直觉"已越来越多地被神经科学证明。古典的知觉观认为，大脑处理感觉信息的方式是"自下而上"或"由外而内"的，感知由感觉信号自下而上的不断抽象完成。然而实验研究或日常生活的不少案例都表明，感知更是基于我们对世界的隐性认识、经验和期望的"自上而下"的过程，没有脱离意识的感知。例如心理学家理查德·格雷戈里（Richard Gregory）的面具实验向我们证明，潜意识会使我们将眼部镂空的面具看成一个正常的面具。参见 Seth, A. K., "The Real Problem", retrieved from https：//aeon. co/essays/the – hard – problem – of – consciousness – is – a – distraction – from – the – real – one。

因此很难被广泛认同。副现象论是当代二元论所面临的主要困境之一，对此问题，本书将在下一章中进一步论述查尔默斯对副现象论的态度及其解决策略。

三　意识自然化的新进路

通过上述分析不难发现，包括交互论、平行论、副现象论在内的二元论，要么承认心灵现象对物理现象的下向因果作用，从而否定了物理世界的因果闭合原则；要么坚持心灵现象平行或伴随物理现象，因此与常识的心物作用观点相悖离。可见，无论是哪种选择都与意识自然化的目标相去甚远。

至此，我们先后考察了物理主义和二元论在心灵自然化问题上取得的成果和面临的困境，这为探寻一条意识自然化的新进路指明了方向。为了避免物理主义路径的错误，意识的自然化必须承认现象意识无法被纯粹的物理理论所解释，意识必须作为非物理的基础特征引入自然世界；为了避免已有二元论的错误，合理解释意识与物理世界的关系问题，意识的自然化必须既尊重物理领域的因果闭合原则，同时又承认心物因果作用。基于这两方面的限制因素，意识自然化的新进路应该是一种以自然主义为前提的二元论，能够同时满足自然科学和属性二元论的要求，这种意识理论即查尔默斯的"自然主义二元论"。一方面，他主张严肃地对待科学，认为意识理论应与当代科学的结果相和谐，并明确指出其自然主义二元论的前提包括物理领域的因果闭合①；另一方面，他主张严肃地对待意识，承认意识的存在及其对大脑的作用，认为对意识的正确解释不应违

---

① 参见 Chalmers, David J., *The Conscious Mind: In Search of a Fundamental Theory*, New York: Oxford University Press, 1996, p. 161。

背这一事实（或直觉）。当然，自然主义二元论同样要面临心物因果作用的根本问题，对此查尔默斯主要借鉴了罗素在《物的分析》中的立场，即认为物理世界的内在本质（intrinsic nature）其本身可能就是现象属性或原现象属性（protophenomenal properties），这种观点使意识与物理紧密纠缠在一起，并暗示了意识在物理世界中有明显的因果作用。① 查尔默斯的自然主义二元论作为意识自然化的新进路，在自然主义的框架内，既肯定了物理科学与现象意识各自的合法地位，又避免了还原论的过强要求，同时解释了心物因果作用问题，这种理论有待我们去进一步论述。

---

① 参见 Chalmers, David J. , "Consciousness and Its Place in Nature", in Stephen. P. Stich and Ted. A. Warfield(eds.), *The Blackwell Guide to the Philosophy of Mind*, Oxford: Blackwell, 2003, p. 130。

第二章　建构科学的意识理论：
自然主义二元论

意识的神秘性始终吸引着哲学家对其不断探索解释。在查尔默斯看来，以往关于意识问题的讨论，大多集中在争论意识是否存在，意识能否被物理主义解释等方面，几乎没有提出关于意识理论的严肃构建。查尔默斯意在建立一套关于意识的科学的哲学理论，他认为意识问题摇摆于科学与哲学的边界地带，虽然意识是科学研究的对象但现有的科学方法又无法准确地把握意识，因此"意识问题在作为科学问题取得进展之前，首先需要达到对此的哲学理解"①。按照查尔默斯对意识易解问题和难解问题的划分，前者涉及与认知功能相关的第三人称材料，后者涉及与主观方面相关的第一人称材料，而科学的意识理论的主要任务，就是同时解释两者并将它们系统地整合进一个科学的框架之中。② 只有当意识理论寻找到连接心物的普遍定律时，才有资格被称为科学的意识理论。

查尔默斯认为，现有科学框架下的物理主义进路无法解释意识

---

① Chalmers, David J. , *The Conscious Mind: In Search of a Fundamental Theory*, New York: Oxford University Press, 1996, p. xii.

② 参见 Chalmers, David J. , "How Can We Construct a Science of Consciousness?", in Michael Gazzaniga(ed.), *The Cognitive Neurosciences III*, 3rd ed. , Cambridge, Mass. : MIT Press, 2004。

的难解问题，第一人称材料和第三人称材料之间存在解释的鸿沟，因此令人满意的意识理论必须是新的非还原解释的理论，甚至是某种形式的新二元论。这种看似"反科学"的结论恰恰是科学进程的重要部分，它与当代科学的结果相和谐却又不局限于传统框架，从而拓展而非颠覆了自然世界的图景，这种拓展使得意识的自然主义二元论成为可能。当然，受第一人称数据的匮乏性以及可信性的约束，意识理论可能缺乏物理科学所具有的强实证性，但实验证据并不是形成理论的全部条件，简单性、合理性、内在一致性等因素足以制约意识理论的基础形态。为了建构科学的意识理论，查尔默斯在论述上尽可能地回避了同一性概念，在他看来同一性所构设的讨论时常掩盖了关于意识的难解问题，并使心身关系问题越发混乱。查尔默斯对于意识在自然中的位置有其独特的论证框架，这个框架以随附性概念为核心勾勒出万物间的联系，因此我们有必要沿着随附性的视角再次审视意识问题。

第一节　从随附性看意识问题

一般而言，随附性的内涵主要包括三个方面：依赖性、共变性以及非还原性。除金在权以外的大多物理主义者都承认随附性具有非还原性，这种随附性所承诺的无须还原的依赖性，吸引着物理主义将其作为规避还原主义的首选道路，并衍生出随附物理主义。然而，即便是各种类型的随附性也仅是表达了不同的属性关系，却无法表明随附性与非还原物理主义的一致性，随附性始终与属性二元论是相容的，这为查尔默斯的理论架构提供了基础。

查尔默斯认为，人们普遍相信物理事实是世界的最基本事实，其他事实都依赖于此，而关于世界的某种事实就是相应属性在时空多样性中的所有例示（instantiation）。随附性是两种属性集合之间的关系，如果 B 属性随附于 A 属性，当且仅当不存在两个对象在它们的 A 事实上完全相同（indiscernible）而在 B 事实上不同这种情况，也就是说，如果两个对象在 B 事实上有区别，那么它们在 A 事实上也有区别。在这里，B 属性直觉上是一种高阶属性，而 A 属性是一种更加基础的属性，通常被认为是物理属性。不同于金在权根据依赖性程度的强弱，将随附性分为弱随附性、强随附性和全局随附性，查尔默斯对随附性提出了新的划分方式，下面首先对这些随附性概念间的区分加以阐明。

一　逻辑随附性和自然随附性

按照随附的范围是个体还是整个世界，查尔默斯首先划分了局部随附性（local supervenience）和全局随附性。他认为如果一个个体（individual）的 A 属性决定那个个体的 B 属性，则 B 属性局部地随附于 A 属性，例如物体的形状局部随附于物理属性。但如果某种属性在依赖物理构造的同时也依赖所处环境及历史，一般而言则不具有局部随附性，例如物体的价值并不局部随附于物理属性：艺术品的仿品与真品即便具有同样的物理属性，但受历史环境的影响两者的价值却相差甚远。与局部随附性相反，如果关于整个世界的 A 事实决定 B 事实，则 B 属性全局地随附于 A 属性，也就是说两个可能世界不存在这种情况，即关于它们的 A 属性完全相同，而关于它们的 B 属性不同。例如生物属性全局随附于物理属性，这意味着任何在物理上与我们的世界相同的世界，在生物上也与我们的世界相同。但在物理上相同的两个个体并不一定具有相同的生物特征，因为生物特征可能受到不同进化史的影响，生物属性全局地而不是局部地随附于物理属性，可见局部随附性蕴涵（imply）全局随附性，但反之则不成立。查尔默斯认为，就上述区分而言，意识对物理的随附属于局部随附性，因为环境与历史并不妨碍物理上相同的个体具有相同的经验，意识最终与内在结构直接相关。因此，在涉及意识经验时，局部随附性和全局随附性之间的差异并没有太大的影响，意识局部地随附于物理属性同时也能够全局地随附于此。

查尔默斯随附性理论的创新之处，主要体现在他对逻辑随附性（logical supervenience）和自然随附性（natural supervenience）的划分上，这种划分以对可能性概念的不同构造为基础。逻辑可能性大致相当于可设想性，它不受我们世界的定律的限制，只受限于逻辑概念上是否和谐，因此可以说是最为广义的可能性。与之相对，自然可能性对应的是能够实际出现在真实世界中的情况，它与我们世界的自然法则相符合，因此又被称为经验的（empirical）或者律则的（nomic）可能性。任何自然可能性在逻辑上都是可能的，反之逻辑可能的情况大多都不能在自然可能的情况下成立。此外，克里普克关于后验必然性的讨论还引出了形而上学可能性，但查尔默斯认为形而上学的可能世界实际就是逻辑的可能世界，他以二维语义学论证了两者的区别只是陈述层面上的。[①]

以逻辑可能性为基础，逻辑随附性表达了一种较强的必然性，当 B 属性逻辑地随附于 A 属性时，我们可以说 A 事实衍推 B 事实，即 A 事实成立 B 事实不成立是逻辑上不可能的。如前所述，生物属性在全局层面上随附于物理属性，这种随附同时也是逻辑随附，若两个世界在物理上相同则在生物上也必然相同，关于世界的微观物理事实决定了所有的生物事实。然而存在这样一种情况，我们可以

---

① 对此观点的具体论述详见下文"逻辑随附性与反物理主义论证"部分。

设想一个世界与我们世界的物理属性完全相同，却存在与我们世界的生物属性不同的天使（非物理的）。这种天使的世界是逻辑上可能的，这意味着在逻辑上出现了 A 事实相同而 B 事实不同的情况，按照上述关于逻辑随附性的定义，生物属性因此并不逻辑地随附于物理属性。仅仅因为天使世界的逻辑可能性，就否认了我们的世界中物理事实对生物事实的逻辑决定性，这显然无法令人接受。对此，查尔默斯修正了逻辑随附性概念，将其转变为关于我们世界的论题：如果任何一个与我们世界具有相同 A 事实的世界，也具有相同的 B 事实，则 B 属性逻辑地随附于 A 属性。也就是说，可能世界中额外的非 B 事实，并不对 B 属性逻辑地随附于 A 属性构成影响，进一步而言，随附性命题应仅限于正面的（positive）事实和属性，而不涉及否定的存在（negative existence）的事实和属性①，因为后者不仅依赖于我们世界发生的事实还依赖于世界的限度。

自然随附性所表达的必然性相对较弱，一般来说，如果在任意两个自然可能的情况下，相同的 A 属性都具有相同的 B 属性，那么 B 属性自然地随附于 A 属性。这种自然可能的情况是一种比逻辑可能更强的制约，它意味着 B 属性对 A 属性的伴随关系并非巧合，而是系统性的或律则性的。例如，根据定律 $pV = KT$，一摩尔气体所产生的压力依赖于它的温度和体积，在现实世界中，给定温度和体积的一摩尔气体的压力是恒定的。尽管可以设想在可能世界中常数 K 不同，因而给定温度和体积的一摩尔气体有不同的压力，但这在实际经验中是不可能的，可见作为一摩尔气体的属性，压力自然地随附于温度和体积。

---

① 例如"没有天使"这种否定存在的事实，或者"无子女"这种否定关系的属性。

简而言之，逻辑随附性和自然随附性之间的区别在于：前者要求 B 事实作为 A 事实的必然结果而无条件地一并出现，不存在 A 事实不决定（正面的）B 事实的逻辑可能性；后者则意味着 A 事实与 B 事实的共现需要基于某种连接 A 事实和 B 事实的法则，存在 A 事实不决定 B 事实的逻辑可能性。很显然，逻辑随附性蕴涵自然随附性，逻辑上随附的两类属性必然是自然随附的，但反之并不成立。在我们世界的自然法则下，一摩尔气体的温度和体积决定了压力，但这并非逻辑上必然的，因此压力自然地而不是逻辑地随附于气体的温度和体积。

局部随附性和全局随附性与逻辑随附性和自然随附性可以相互交叉，但通常在论及逻辑随附性时意在谈论全局逻辑随附性（global logical supervenience），而自然随附性一般是指在局部律则性之中的。当涉及意识经验时，查尔默斯认为不论是局部的还是全局的，意识极有可能是自然地随附于物理属性，因为意识和物理似乎不存在逻辑上的必然联系，物理上相同但意识经验不同甚至根本没有意识经验的个体或者世界是可设想的。如此一来，"保证物理结构和经验之间必然联系的仅仅是自然法则，而不是任何逻辑的或概念的力量。"[1]

二　逻辑随附性与还原解释

按照还原理论，每一种在微观物理之上的自然现象原则上都存在一种还原解释，因此当我们对低阶事实进行说明时，与之相应的高阶事实也就得到了适当的说明。一般而言，对一个自然现象的还

---

[1] Chalmers, David J. , *The Conscious Mind: In Search of a Fundamental Theory*, New York: Oxford University Press, 1996, p. 39.

原解释涉及对相关概念的功能分析（这里的功能指扮演某种因果角色），如果概念的核心能按照功能或功能的实施加以刻画，那么就能够搭建起从低阶物理事实到该现象的还原解释桥梁。例如，繁殖概念可以功能地分析为一个生物体以某种方式产生另一个生物体，如果我们能够解释这种功能或功能的实施，我们就解释了繁殖。简而言之，经由功能分析的还原解释意味着，解释了相关功能或相关因果作用，就解释了所谈及的自然现象。

在认知科学领域，心灵的心理方面几乎都能够通过功能分析得到还原解释。这些解释有时是通过给出基本的神经生理学说明，更多时候是通过适当的认知模型说明，该模型反映了功能实施的因果机制。例如，学习功能模型展示了对环境刺激做出反应从而改变行为能力的机制，这表明了适当的因果机制如何能解释相关的心理的属性。然而对心灵的现象方面而言，仅靠功能解释似乎是不充分的，因为不论我们给出如何完善的功能说明，仍然可以进一步追问：为什么意识始终伴随着功能的履行？对心理方面的解释不存在这种追问，其全部意义就是功能组织的实施。而现象方面不是由它们所扮演的因果角色来定义的，即便在现实世界中功能组织也可能作为意识产生的原因，但单纯的功能解释始终无法回答意识为何又是如何伴随功能的履行。没有意识伴随的功能在逻辑上可能的，因此对心灵的现象属性的任何功能的或物理的说明都是不完整的。可见，认知科学对心灵的还原解释的成功，必须建立在悬置现象属性的基础上。

不难看出，还原解释与逻辑随附性密切相关。当且仅当一种自然现象的属性是全局①逻辑地随附于某些低阶属性（物理属性）时，

---

① 局部随附性意味着相关环境对自然现象的还原解释不造成影响，这种要求对于还原解释而言过强，全局逻辑随附性已足够说明还原解释。

该自然现象才能还原解释为低阶属性。也就是说，自然现象的还原解释意味着它是全局逻辑随附于物理的，进一步而言，"还原解释的先验概念蕴涵着（全局）逻辑随附性"①。还原解释要求对低阶物理事实的功能分析蕴涵对自然现象的解释，对功能或因果作用的解释就是自然现象的全部意义，此外不存在进一步的问题需要解释。这种蕴涵关系与（全局）逻辑随附性相同，如果一种自然现象的属性逻辑地随附于某种物理属性，则它将作为该物理属性的必然结果，从而能够在对相关物理事实的说明中读取自然现象，不存在物理属性相同而自然现象不同的逻辑可能性，因此不存在进一步解释。由此可见，还原解释要求一种逻辑的随附性关系，逻辑随附性是还原解释的必要条件。②

当然，还原解释不是解释的终极目的，也不是唯一的解释方式。与更富有阐释力或启发性的解释相比，还原解释的作用在于通过低阶属性祛除高阶现象的神秘性。还原解释之所以被广泛采用，与人们对于解释的自主性和简单性的追求相关。微观物理的因果关系使每一个物理事件能被物理法则充分解释，从而达到自主的解释；这种统一的解释同时也是简单的，消除了物理之外的"额外"存在。尽管对自然现象的特定的还原解释，有时与微观物理层次并非完全一致，涵盖属性的所有例示的单一解释也几乎不太可能，但在多数情况下，关于低阶事实的简单而统一的解释，足以作为对于我们的

---

① Chalmers, David J., *The Conscious Mind: In Search of a Fundamental Theory*, New York: Oxford University Press, 1996, p. 48.

② 对于逻辑随附性是否是还原解释的充分条件还存在争议。通过逻辑随附性以及更为基本的低阶事实，还原解释在原则上是可能的。然而现实的复杂性似乎使这种可能性难以实现，微观物理层面的解释充满了不确定性。因而这种逻辑随附的解释也许无法产生一个对于自然现象的固定的解释，它是对属性的特定例示的说明，而不是对所有例示共同的说明。

世界的解释。

还原解释与逻辑随附性的上述关系，能够进一步延伸至对本体论问题的讨论。（还原）物理主义认为世界上的一切都是物理的，在物理之外没有其他存在，因此对于物理事实的解释能够穷尽关于世界的全部解释。这种观点用随附性表达，即所有关于世界的正面事实全局逻辑地随附于物理事实。但就自然随附性而言，物理上的相同无法直接确保相应事实的相同，两者的契合需要以基本律则为基础，这意味着存在物理事实之外的事实，为非还原解释提供了可能。因此，对于还原解释和逻辑随附性的态度，决定了关于世界的本体论态度。如前所述，还原解释是逻辑随附性的充分条件，按照原命题与逆否命题的等价关系，如果逻辑随附性失效，那么任何一种还原解释也将失效。回到对意识的自然化问题，如果我们坚持意识是物理主义的空白、意识无法被还原解释，那么必须证明意识不是全局逻辑地随附于物理的，进而证明意识本身不是物理。

三　逻辑随附性与反物理主义论证

查尔默斯的反物理主义论证以其随附性理论为基础，他认为意识不是逻辑地随附于物理的，因而物理主义是错误的。该论证包含两个步骤：第一步论证逻辑随附性（还原解释）的失效，涉及解释问题，即意识能被物理理论还原解释吗？第二步论证从逻辑随附性失效到物理主义是错误的，涉及本体论问题，即意识本身是物理的吗？对于这两个问题的回答，构成了查尔默斯自然主义二元论的前提。

1. 逻辑随附性的失效

物理主义还原解释符合人们对于统一世界观的期待，但查尔默斯认为意识逃脱了还原解释之网，单纯的物理术语无法完整地解释意识经验。如前所述，由于逻辑随附性是还原解释的必要条件，为了论证还原解释对意识的失效，我们必须证明意识不是全局逻辑地随附于物理的，也就是说从物理事实到关于意识的事实不存在先验的衍推关系。对此，查尔默斯认为可以通过可设想性、认识论的思考以及对概念的分析三个方面，来论证意识的逻辑随附性。他提出了以下五种具体的论证方式。

第一个论证是考虑怪人的逻辑可能性。对此观点第一章已详细论述，简而言之，我们可以逻辑连贯地设想，一个在物理上与我们的世界完全相同却没有任何意识经验的怪人世界。因此，物理事实或功能组织并不能逻辑地衍推意识经验的存在，意识不是逻辑地随附于物理。

第二个论证即颠倒光谱。怪人论证设想了一个完全缺乏意识经验的可能世界，但实际上，只要我们世界中的某些意识经验在一个物理上与我们相同的世界中不成立，那么意识就不是全局逻辑随附的。我们可以设想一个在物理上相同但意识经验却被颠倒的世界，这个可能世界中的颜色经验与我们的世界相比是红蓝颠倒的，而两个世界的物理结构却是全然复制的。可见，颜色经验颠倒的同时功能组织保持不变是逻辑上可设想的，意识的逻辑随附性失效。这两个论证都诉诸可设想性，证明了物理事实相同但经验事实不同逻辑上是可能的。

第三个论证来自认识的不对称性。关于世界的物理事实能够通过低阶的物理结构和因果关系来确定，而关于意识经验的知识则来自我们自身对它的亲知，外部的物理事实只可能为意识的存在提供间接证明。这就是认识的不对称性，我们通常所说的他心问题就是这种不对称性的具体表现，它向我们表明意识不是逻辑随附于物理的。

第四个论证即知识论证。如第一章所述，知识论证主要指杰克逊的"玛丽黑白屋论证"，内格尔的"蝙蝠论证"也提出了类似的论证，即完备的物理学知识并没有向我们提供有关意识经验的知识。玛丽拥有关于颜色的全部神经生理学知识却对红色的经验一无所知；关于蝙蝠的全部物理知识也无法让我们确切知道成为一只蝙蝠在意识经验上是怎样一回事，因此关于意识的事实显然不能被物理事实所衍推。以上两个论证主要诉诸认识论，即认为在关于物理事实的知识和意识事实的知识之间存在解释上的鸿沟。

第五个论证诉诸对概念的分析，即意识概念分析的空缺。为了证明意识的存在如何能够被物理事实所衍推，还原解释必须给予某种形式的意识概念的分析。还原主义现有的对意识的分析主要是功能分析，然而正如我们先前所论述的，尽管意识状态（意识的心理或觉知方面）能够扮演因果角色从而具有某种功能作用，但意识的现象方面与第一人称的感觉体验相关，不能从功能上或根据因果角色被定义，只能通过意识经验自身来刻画。可见就目前而言，还原主义对意识概念的分析无法令人满意，意识不可能作为功能的性质或者被其他还原术语刻画，意识的概念是不可还原的，因此不存在一种从物理事实到意识的衍推关系。

物理事实显然适用于还原解释，各种高阶的物理属性最终都能通过功能属性和结构属性得到解释。然而，尽管物理事实在意识的解释中起到至关重要的作用，有利于我们理解物理过程与意识经验在各方面间的对应关系，特别是两者之间的结构一致性，但关于意识的解释依旧超出了有关结构和功能的解释。上述五组论证表明，意识不是逻辑地随附于物理的，意识对物理过程的伴随需要更进一步的支撑，不存在从物理事实到意识的先验衍推。这就是列文所指的在物理层次和意识经验之间的解释鸿沟，两者的联系或许依赖于衔接意识与物理系统的桥梁定律，这种需要附加定律的解释形式显然不可能是还原的解释。现有的认知模型、神经生物学以及量子力学①等自然科学也不能给意识提供一种还原的说明，都只是提供了更强的功能解释或在解释的细节上趋于完善，但对意识问题而言，还原解释的错误在于整个解释方式而非具体细节。意识需要一种新的非还原的解释，这是意识理论的开端，它将从根本上改变我们对于世界结构的看法。

2. 从逻辑随附性的失效到物理主义的错误

逻辑随附性的失效证明了意识不能被物理理论所解释，那么意识是否在本体论层面上就是非物理的呢？查尔默斯认为，逻辑随附性的失效直接蕴涵着物理主义是错误的，即在物理特征之外还存在关于世界的基础特征。如前所述，物理主义认为所有关于世界的正面事实全局逻辑地随附于物理事实，然而怪人世界和颠倒世界的逻辑可能性表明，仅靠物理事实无法确保意识的存在，我们世界中的意识经验是物理事实之外的更进一步的自然事实。因此，物理主义是错误的。

从论证逻辑随附性的失效到指出物理主义是错误的，实际上暗示了"从可设想性到可能性"的模态判断。对此，一些哲学家（如列文）指出认知上的可设想性不同于本体论上的必然性，认识性鸿沟不等于本体论鸿沟，这种反对观点的主要支撑来自克里普克对后验必然性的论证。如前所述，克里普克在《命名与必然性》一书中论证了存在后验必然为真的命题。他以"水是 H_2O"为例，我们可以设想在某个可能世界中"水"的化学结构由 XYZ 构成，因此"水是 H_2O"不是一个先验真的命题，它是通过科学研究发现的真理。然而克里普克指

---

① 一种基于量子力学的交互论虽然被看作有希望的意识理论，但它是以意识是非物理的存在为前提，认为意识在物理动力学理论中起到核心作用，从而将意识整合进物理系统中，并不是对意识的还原解释。对此理论的具体论述详见下文"量子交互作用论"部分。

出，如果水在现实世界里是 H_2O，那么在所有可能世界里水都是 H_2O，可能世界中的 XYZ 只是感觉上像是"水"但实质却不是"水"，因此"水是 H_2O"是一个必然真的命题。也就是说，"水不是 H_2O"是可设想的或逻辑上可能的，但不是形而上学上可能的。物理主义者认为克里普克的后验必然性观点为反对可设想性论证提供了重要的理论策略，就像"水是 H_2O"一样，现实世界的物理属性 P（physics）与相对应的意识感受性质 Q（qualia）之间可能也是一种后验必然关系（如前所述，克里普克本人并不赞同这一主张），因此 $P \wedge \neg Q$ 的反物理主义可设想性论证不能在形而上学层面驳倒物理主义。

建立在克里普克语义约束基础上的后验必然性策略，打破了必然性与先验之间的联系，给查尔默斯的反物理主义论证造成了一定困难。对此，查尔默斯试图通过对语义的二维分析瓦解后验必然性命题。源自弗雷格的传统指称观点认为，一个表达式（expression）在一个可能世界中具有自己的外延（extension），句子的外延是它在这个可能世界中的真值，一个概念（专名或自然种类通名）的外延是它在这个可能世界中的指称。表达式 E 的内涵（intension）就是把可能世界 W 映射到 E 在 W 中的外延 E（W）的一个函项（function），具体而言，概念的内涵是指从可能世界到指称的函项 f：W→R。弗雷格认为，每个句子或概念都有一个含义（sense）即所表述的内容，含义是概念的意义（meaning）的一部分，含义决定指称，一个指称可以对应多个含义。克里普克将弗雷格式的概念图景划分为现实世界（actual world）和反事实可能世界（counterfactual possible worlds）[①] 两个层次，并认为指称不是由含义决定的，而是依赖于

---

① 反事实可能世界可以理解为我们的现实世界（地球）之外的可能世界，例如普特南所说的"孪生地球"（Twin Earth）。

世界状态的模式。查尔默斯在克里普克、普特南、卡普兰等人关于二维现象的讨论①的基础上，提出了一种二维语义学理论。②

主内涵与次内涵是二维语义学的核心概念。主内涵固定了现实世界中的指称，即概念在现实世界所指称的东西，这是先验决定的。以自然种类概念"水"为例，如果现实世界中具有像水一样的描述特性（无色、无味、可饮用的液体）的物质的化学结构（深层特性）为 H_2O，那么在这种情形（scenario）③ 中"水"指称 H_2O，但如果现实世界中具有像水一样的描述特性的物质的化学结构为 XYZ，那么在这种情形中"水"指称 XYZ。也就是说，水的主内涵是把情形（化学结构是 H_2O 或 XYZ）映射到水在该情形中的指称（外延）的一个函项，这种表述过于抽象，更简单地说，概念"水"的主内涵

① 参见：Kripke, Saul A. , *Naming and Necessity*, Cambridge, Mass. : Harvard University Press, 1980; Putnam, Hilary, "The Meaning of 'Meaning'", in Keith Gunderson(ed.), *Language, Mind, and Knowledge*, Minnesota Studies in Philosophy of Science, Vol. 7, Minneapolis: University of Minnesota Press, 1975, pp. 131 – 193; Kaplan, David, "Dthat", in Peter Cole(ed.), *Syntax and Semantics*, Vol. 9, New York: Academic Press, 1978, pp. 221 – 253。

② 二维语义学是查尔默斯在语言哲学领域的重要理论之一，限于本书的主题及篇幅，仅简述部分相关内容，对此理论的详细论述可参考：Chalmers, David J. , *The Conscious Mind: In Search of a Fundamental Theory*, New York: Oxford University Press, 1996; Chalmers, David J. , "Consciousness and Its Place in Nature", in Stephen. P. Stich and Ted. A. Warfield(eds.), *The Blackwell Guide to the Philosophy of Mind*, Oxford: Blackwell, 2003, pp. 102 – 142; Chalmers, David J. , "Two – Dimensional Semantic", in Ernest Lepore and Barry C. Smith(eds.), *The Oxford Handbook of Philosophy of Language*, New York: Oxford University Press, 2006, pp. 574 – 606。

③ "一个情形是我们先天（a priori）［先验——笔者注，下同］无法排除的我们所在的现实世界（actual world）的一种可能的状况。……情形可以被看作是一种与我们的现实世界和我们的先天认知状态有关的可能世界，一种存在于我们先天想象之中的可能世界。"黄益民：《从语言到心灵：一种生活整体主义的研究》，江苏人民出版社，2014，第 255 页。

就是它在某一世界中的水材料（watery stuff）即水的描述特性①。可见，概念的主内涵独立于世界的经验因素，它确立了对象在所有可能世界中的性质，就像我们在认知上先验地知道水是指具有无色、无味、可饮用等特性的物质，尽管科学证明水在我们的世界是 H_2O，但这并不妨碍主内涵即水材料作为"水"的概念意义的一部分。

次内涵则识别出（pick out）反事实可能世界中的指称，它依赖于指称对象如何在现实世界中被确定，这是后验决定的。"次内涵被主内涵在现实世界中的首次赋值（evaluating）所确定，进而固定这一赋值以至于同类事物能够在所有可能世界中被识别出。"② 仍然以"水"为例，如果现实世界中具有像水一样的描述特性的物质的化学结构为 H_2O，在这一情形被固定之后，按照克里普克和普特南的观点，在任何一个反事实可能世界中，"水"都固定地指称具有化学结构 H_2O 的这种物质。也就是说，水的次内涵是把反事实可能世界映射到水在这个世界的指称（外延）的一个函项，这个函项值恒定为 H_2O，即概念"水"的次内涵在所有的可能世界中识别出 H_2O。

总而言之，主内涵与次内涵在二维语义学框架中分别对应于语词意义的两个维度：第一个维度反映了我们认知上先验所把握的表层的描述特性，即在不同的话语语境中如何在认知上决定语词的指称，这与语词的特征密切相关，维护了传统的描述型指称理论；第二个维度体现了我们通过科学所后验发现的现实世界中的内在本质

---

① 查尔默斯指出，对主内涵的这种解读很容易使人联想到指称的"摹状词"理论，但实际上从可能世界到外延的函项才是主内涵的真正核心，摹状词在这个框架中只是为了充实这个抽象阐释的空洞性。参见 Chalmers, David J., *The Conscious Mind: In Search of a Fundamental Theory*, New York: Oxford University Press, 1996, p. 58。

② Chalmers, David J., *The Conscious Mind: In Search of a Fundamental Theory*, New York: Oxford University Press, 1996, p. 59.

特性，即在现实世界给定的（赋值的）境况中所决定的指称本身，这与语词的内容密切相关，发展了克里普克的直接指称理论。主内涵与次内涵作为语词意义的先验方面和后验方面，两者有机地结合在一起才能全面准确地反映语义的全部构成。[①]

按照上述划分，陈述（statement）所涉及的语词可以分别依据主内涵和次内涵被赋值。当陈述 S 按照主内涵赋值是可设想时，称为 1 - 可设想性；按照次内涵赋值是可设想时，称为 2 - 可设想性。同理，在某可能世界中，如果依据主内涵赋值时陈述 S 为真，S 被称为 1 - 可能性；如果依据次内涵赋值时陈述 S 为真，S 被称为 2 - 可能性。在克里普克看来，"水不是 H_2O"是可设想的却不是形而上学可能的，可设想性并不蕴涵可能性，但查尔默斯认为实际情况并非如此。按照上述二维语义学理论，该陈述依据"水"的主内涵和次内涵分别表述为："水材料不是 H_2O"和"H_2O 不是 H_2O"。因此，"水不是 H_2O"是可设想的，是指"水材料不是 H_2O"是可设想的，即 1 - 可设想性；而"水不是 H_2O"不是形而上学可能的，是指"H_2O 不是 H_2O"不是形而上学可能的，即 2 - 可能性。所以，克里普克关于"水不是 H_2O"的例子只能说明 1 - 可设想性推不出 2 - 可能性，但丝毫不影响 1 - 可设想性蕴涵 1 - 可能性，2 - 可设想性蕴涵 2 - 可能性。在通常情况下，人们将一陈述的可设想性等同于 1 - 可设想性，而将可能性等同于 2 - 可能性，克里普克的分析指出了这种语义上的误用，但我们没有理由据此否定一个世界的可设想性蕴涵着该世界的可能性。

此外，克里普克关于"水是 XYZ，而不是 H_2O"是逻辑上可能

---

① 参见黄益民《从语言到心灵：一种生活整体主义的研究》，江苏人民出版社，2014，第 257 页。

而非形而上学可能的观点，促使人们认为"逻辑可能性"明确区别于"形而上学可能性"。但查尔默斯认为两者只是陈述层面的区别，"逻辑上可能的"对应于 1 - 可能性，"形而上学可能的"对应于 2 - 可能性；这并不是世界层面的区别，在这两种情况下，世界的相关空间是相同的，逻辑可能性和形而上学可能性（的世界）是重合的。因此，克里普克的后验必然性只是向我们表明世界及其相关特性的正确描述方式，尽管有两种陈述的可能性，但这种语义学上的不同并不影响世界的可能性。综上所述，查尔默斯通过二维语义学对克里普克的理论观点进行了精细的梳理，明确指出后验必然性论证无法驳倒"从可设想性到可能性"的模态判断，取消了物理主义以此为基础的反可设想性论证策略。①

查尔默斯在二维语义学的理论框架下进一步阐述了他的反物理主义论证。他指出，意识并不适用于标准的后验必然性分析。不同于水的主内涵（水材料）区别于次内涵（H_2O），意识概念的主内涵和次内涵是相同的，因为意识的描述特性和本质特性，即意识经验的感觉和意识经验本身，两者所表达的语义是相同。② 据此观点，对"意识不是逻辑地随附于物理"的二维语义学分析包含两种情况：第一，当物理概念的主内涵和次内涵相同时，逻辑可能性蕴涵形而上学可能性，逻辑随附性的失效直接蕴涵着物理主义是错误的。第二，

---

① 尽管大多数哲学家同意二维语义学消解了克里普克后验必然性对"从可设想性到可能性"的威胁，但与此同时，物理主义者指出查尔默斯等反物理主义者，不能为从认知层面的可设想性到形而上学层面的可能性的联结提供任何正面的证明。因此双方围绕这一模态问题的争论陷入了僵局：物理主义者无法举出任何反例，反物理主义者也给不出任何正面证明。参见 Gendler, Tamar S. and Hawthorne, John (eds.), *Conceivability and Possibility*, New York: Oxford University Press, 2002。

② 如前所述，克里普克也表达过类似的判断，即"疼痛"的本质就是"疼痛的感觉"。

当物理概念的主内涵不同于次内涵时，"一个物理概念的主内涵选定了任何在给定世界里起某种作用的属性，而次内涵选定了所有世界上实际的内在属性"[1]，也就是说，物理的描述性特征是关系属性而本质特征是内在属性。那么由此可以推论出，现实世界中的意识不被物理的结构或关系属性所衍推，但意识却基于物理的内在属性，这种观点即罗素一元论（Russellian monism）。因此，最终能够得出两个结论：要么物理主义是错误的，要么罗素一元论是正确的。

综合以上两步论述，查尔默斯首先论证了意识不能先验地从物理事实中推导出来，即意识不是逻辑地随附于物理的；其次论证了从认知层面的可设想性到形而上学层面的可能性，即从逻辑随附性的失效到物理主义的错误。这两步论证分别依赖于随附性理论和二维语义学，联系紧密且相互支持，共同组成了查尔默斯的反物理主义论证（同时也是可设想性论证），为查尔默斯的自然主义二元论及泛（原）心论奠定了基础。上述观点最终可以表述为如下形式：

（1）$P \wedge \neg Q$ 是 1 - 可设想的。

（2）如果 $P \wedge \neg Q$ 是 1 - 可设想的，那么 $P \wedge \neg Q$ 是 1 - 可能的。

（3）如果 $P \wedge \neg Q$ 是 1 - 可能的但不是 2 - 可能的，那么罗素一元论是正确的。

（4）如果 $P \wedge \neg Q$ 是 2 - 可能的，那么物理主义是错误的。

───────────────

（5）物理主义是错误的，或者罗素一元论是正确的。[2]

───────────────

[1]　Chalmers, David J., "Consciousness and Its Place in Nature", in Stephen. P. Stich and Ted. A. Warfield(eds.), *The Blackwell Guide to the Philosophy of Mind*, Oxford: Blackwell, 2003, p. 117.

[2]　参见 Chalmers, David J., " Does Conceivability Entail Possibility?", in Tamar S. Gendler and John Hawthorne(eds.), *Conceivability and Possibility*, New York: Oxford University Press, 2002, pp. 145 - 200。

第二节　意识在自然中的位置

通过随附性理论，查尔默斯论证了对于意识的还原解释的失效，意识的自然化必然是将其作为非物理的基础特征引入自然世界。然而，承认意识的非还原性并将其引入自然图景之中只是意识理论的开端，建构科学的意识理论，即在以自然科学为依据的自然秩序中找到属于意识的恰当位置，其理论重点是关于意识与物理领域之间关系的具体论述。传统二元论并没能对此问题提出合理的解释，因而通常被视为反科学或超自然的理论。对此，查尔默斯试图在尊重当代科学的前提下将意识纳入自然主义框架内，形成一套与基础物理理论相互补充的关于意识的基础理论。对于上述观点的具体论述构成了查尔默斯的自然主义二元论，而这种意识理论的基石是作为心物连接桥梁的心理物理法则。

一　意识理论的概念地图

就目前的论述为止，查尔默斯为建构科学的意识理论提出了四个基本前提。

（1）意识经验存在。

（2）意识经验不是逻辑地随附于物理的。

（3）如果存在不是逻辑随附于物理事实的正面事实，那么物理主义是错误的。[①]

[①] 此处为了保持论证的连贯性，将"罗素一元论是正确的"这一结论，一并归入否定意识逻辑地随附于物理且否定物理主义的理论范畴，即下述的 C 型意识理论。

（4）物理世界是因果闭合的。

前提（1）、（2）、（3）来自查尔默斯的反物理主义论证，前提（1）和（4）则分别对应于他所主张的要严肃地对待意识和严肃地对待科学，承认这四个前提构成了他对科学的意识理论的基本假设。然而，对于上述前提的承认与否构成了多种不同的立场，在论述查尔默斯的意识理论之前，我们首先对这些立场加以分析归类。

否定前提（1）意味着彻底地否认意识，即通常所说的取消主义。

否定前提（2）意味着意识逻辑地随附于物理，逻辑随附性是还原解释的必要条件，它与对意识概念的还原解释相兼容，因此我们称这一观点为"还原物理主义"。关于意识的事实可以依据不同的性质被物理事实所衍推，也就是说意识可以通过不同的方式还原为物理，具体而言可以进一步划分为：还原功能主义，这种观点强调以功能状态定义意识概念，认为对意识在功能组织中所扮演的因果角色的解释就是意识的全部内容；非功能还原物理主义，这种观点通常借助认知模型、生物化学等当前流行的自然科学理论，认为意识能够依据某种非功能的未知性质还原为物理；坚持新物理学，这种观点承认意识和物理之间在当下存在深层的认识性鸿沟，但认为这种鸿沟原则上会在完备的物理学的还原解释框架中弥合。

否定前提（3）意味着可能不存在从物理事实到关于意识事实的逻辑衍推，因而不存在一种意识的还原解释，但意识最终在本体论上是物理的。在认识上意识概念是可能不同于任何物理的或功能的概念，然而两者后验必然地指称同一种东西。也就是说，怪人世界是可设想的，但在形而上学上不可能的。这种观点通常被称为非还原物理主义。

否定前提（4）意味着承认意识是非物理的，并且意识具有因果作用。这种观点一般表现为各种类型的交互二元论，认为物理世界不是因果闭合的，意识在影响物理或物理属性方面起着一种自主的因果作用。

由此可见，以严肃地对待意识和科学为前提条件①，对于意识在自然中的位置的回答，存在两个重要的选择点：首先，意识是逻辑地随附于物理的吗？其次，物理主义是正确的吗？对此的不同选择将意识理论划分为三种主要类型。

A 型意识理论肯定意识逻辑地随附于物理，或直接取消意识的存在。

B 型意识理论否定意识逻辑地随附于物理，但坚持物理主义。

C 型意识理论否定意识逻辑地随附于物理，并且否定物理主义。

其中，A 型意识理论是最为严格的物理主义理论，它包括取消主义和各种类型的还原物理主义，两者都认为对于物理事实的解释能够穷尽关于世界的全部解释，只是对是否在认识论上存在"意识"这个称谓存在分歧。然而查尔默斯指出，取消主义明显有违人们关于意识经验存在的原初感受，我们的内在感觉经验如此明显，对此的否定无疑是对问题的逃避。还原物理主义的问题则在于对意识概念或物理概念的含义的错误应用。如前所述，意识的解释超出了对于结构和功能的解释，不论是功能主义还是借助于其他科学理论的还原解释，都未能在意识和觉知概念间做出区别，纯粹的物理术语只能解释与功能相关的易解问题，并未触及意识的难解问题。而所谓的完备的物理学，意在改变现有的物理学框架，使其能够先验地衍推关于意识的事实，但物理事实只能推导出更多的功能结构事实，

---

① 以下论述以承诺前提（4）为基础，对于物理世界是否因果闭合以及相关理论的具体讨论详见下文"这是副现象论吗？"一节。

这种假设的还原解释潜力究竟何以可能始终毫无论据。总之，在查尔默斯看来，不论是取消主义还是还原物理主义都没有严肃地对待意识。

相较而言，B 型意识理论即非还原物理主义在坚持物理主义观点的同时，正视了意识经验以及对此还原解释的失效，兼顾了世界的物理统一性和世界层次的多元性，因而颇具吸引力。这种兼顾性源于对"同一性"的特殊理解，根据 B 型意识理论，意识与物理之间的同一性关系不是来自先验的概念分析，即不存在从物理事实到关于意识的事实的逻辑衍推，而是通过经验观察发现的，也就是说，两者即便在概念上不同，但能够后验地指称相同的东西。因此，意识和物理之间只存在认识性鸿沟，不存在本体论鸿沟，从而保留了物理主义世界观。这种非还原物理主义观点一般诉诸克里普克的后验必然性，在上一节中我们已经证明这种后验必然性不能拯救物理主义，① 它仅仅向我们表明了语义学层面的正确描述方式。B 型物理主义放弃了还原解释也就放弃了用纯粹的物理术语解释意识，为了弥合物理与意识之间的鸿沟，这类理论提出以原始的同一性（或必然性）维护先验的物理主义承诺，但这种方法明显存在内部矛盾，最终很容易陷入与属性二元论区别甚微的尴尬境地。

C 型意识理论包括各种形式的属性二元论，认为现象属性是不可还原解释的，并且在本体论上意识不是物理的，意识是物理事实之外的额外的自然事实。C 型意识理论还包含另一种一元论立场，即认为意识是根植于基础物理实存物（fundamental physical entities）的内在本质，物理的内在属性可能就是现象属性，或者是构成了现象属

---

① 如前所述，查尔默斯的论证并不是关于同一性问题，而是以随附性为论证框架的中心，以此构造的模态论证与同一性相比更为严谨。

性的原现象属性。这种立场也提出一种不同于物理主义的世界观，且与 C 型相比更倾向于一元论，我们称之为 C'型（即罗素一元论或 F 型一元论）。

查尔默斯认为，B 型与 C 型意识理论的分歧在于具体的形而上学问题，但 A 型与其他类型之间的分歧涉及更为基本的直觉，即是否以严肃的态度对待意识问题。严肃地对待意识，意味着承认在功能解释以外，意识还存在有待解释的方面，这是意识研究的基本前提或分水岭。持有 A 型观点的学者通常只是简单地否定这一前提而非通过论证反驳，这种对于鲜活的内在经验感受的否定，是认知上的封闭，更是一种难以克服的直觉上的教条。在查尔默斯看来，如果严肃地对待意识，首先必然排除 A 型意识理论；而 B 型观点虽然广受欢迎，但已被证明是难以内部自洽的因而是无法立足的；仅有的合理选择是接受标准的 C 型抑或 C'型意识理论，对此的形而上学选择依然未有定论。也就是说，如果我们承认物理与意识之间存在认识性鸿沟，如果我们排除了原始的同一性或后验的必然性，那么将走向二元论路径。查尔默斯认为这是意识研究的必然进程，他的意识理论最终也落脚于 C 型和 C'型观点，即自然主义二元论和泛心论或泛原心论。

二 自然主义二元论

查尔默斯的反物理主义论证表明，意识经验与任何物理特征都存在本质上的差别，可见现有科学框架下的物理主义进路根本不可能解释意识问题，意识自然化的唯一出路在于，承认意识是原则上不可还原为任何物理特征的新的基础特征，由此建构科学的意识理论转向二元论路径。

二元论的形式多种多样，查尔默斯认为反物理主义论证并不会导致笛卡尔式的二元论，即在物理之外存在独立的心灵实体并能对物理过程施加影响。一方面，笛卡尔式二元论对物理世界因果闭合原则的否定明显与当代科学相左，可见对"机器幽灵"的任何承诺都属于矫枉过正。另一方面，并不是要求意识是一种独立的实体，而是将其作为世界的基础特征，那么它在本体论上独立于物理属性的现象属性，就足以将作为非物理的基础特征引入自然世界。可见，这里转向的是一种属性二元论：意识经验涉及个体的属性即现象属性，这种现象属性不被个体的物理属性所衍推，因此意识不被物理基础所衍推。属性二元论一般被认为是一种较弱形式的二元论，甚至时常与非还原物理主义相混淆。但在此，即便只是属性上的二元论，意识也在一种强的意义上是非物理的，这种观点对于物理主义世界观的修正，足以使其明显区别于意识自然化的物理主义路径。

然而，尽管从物理属性到现象属性不存在先验的衍推关系，但意识仍然建立在物理基础之上，意识经验虽然不能还原解释为物理属性，但它从整体上关联于大脑过程和行为，高阶的现象意识必须以低阶的大脑神经生物学过程为基础。查尔默斯论证了意识并非逻辑地随附于物理，但他并没有从根本上否定随附性，他认为意识经验明显系统地依赖于物理结构，因此意识很可能是自然地随附于物理的。这种自然随附性意味着："意识依据某些自然的法则从物理基质（substrate）中产生（arise from），但意识自身并不被物理法则所蕴涵。"① 因此，一种适用于意识问题的二元论路径，不仅将意识作为独立于物理属性的基础属性，还要求现象属性对物理属性的合法依赖，同时保留物理领域的自治性。

---

① Chalmers, David J., *The Conscious Mind: In Search of a Fundamental Theory*, New York: Oxford University Press, 1996, p. 125.

在查尔默斯看来，这种二元论不包含任何反科学或超自然的主张，而是在现有物理理论的基础上拓宽了自然世界的图景。物理学确定了物理的基础特征和基础法则，由此可以推出关于世界的所有物理事实，因而物理理论常被称为"万物之理"（theory of everything），从而形成一个封闭的物理体系。然而意识对物理的非逻辑随附性已经表明，物理理论无法充分地解释意识。同物理理论一样，一种意识理论也需要相应的基础特征和法则，因此需要引入新的关于意识的基础理论，它与物理学的基础理论共同构成了关于世界的完整理论。就基础特征而言，意识经验本身可以作为世界的基础特征，与时空、电荷、质量等物理的基础特征相并列，从而现象属性被视为基础属性；另一种可能的情况是，存在某类新的基础属性，现象属性逻辑地随附于这种基础属性，查尔默斯称此为原现象属性，这种属性本身并不是现象的，但能够组合产生现象的属性。就基础法则而言，对意识的合理解释必须以法则为基础，以此解释现象属性或原现象属性如何依赖于物理属性，进而解释意识经验是如何从物理过程中产生。这种法则不可能从物理学中推论出来，因此需要心理物理法则作为连接心物的解释桥梁，它与物理的基础法则一样应当是简明而精致（elegant）的。① 由此可见，新的意识理论是对原有物理理论的增补，两者间不存在干扰或矛盾："物理理论解释了物理过程，心理物理理论告诉我们那些物理过程如何产生经验。"② 上述观点构成了查尔默斯的自然主义二元论。

查尔默斯于 1995 年在《直面意识难题》一文中首次系统论述了

---

① 关于意识理论的心理物理法则的具体论述详见下节。

② Chalmers, David J., *The Conscious Mind: In Search of a Fundamental Theory*, New York: Oxford University Press, 1996, p. 128.

自然主义二元论，并在《有意识的心灵》《再论意识难题》等论述中进一步阐述了其理论观点。简而言之，查尔默斯的自然主义二元论主张：①意识是非物理的基础特征，现象属性在本体论上独立于物理属性；②意识自然地随附于物理，现象属性合法地依赖于物理属性；③心理物理法则保证了意识与物理之间的合法联系。查尔默斯认为，这种观点的整体结构完全是自然主义的，意识作为一种自然现象受基础的自然法则制约，不存在任何超验（transcendental）的或神秘的成分。尽管意识的引入拓宽了传统物理主义关于自然世界的图景，但世界仍然是由遵循着基础法则的基础特征所构成的网络，关于世界的所有事实最终能够按照这些术语加以解释。而与其他类型的二元论相比，这种观点保留了物理领域的因果闭合，并充分尊重了现有的认知科学和神经科学理论，认为意识是在大脑的神经生物学过程中实现的，从而避免了传统二元论中的反科学因素。因此，自然主义二元论在将意识纳入自然主义框架内的同时，尽可能地与当代科学世界观保持一致，既重视意识问题又尊重当代科学，从而建构了一套关于意识的科学的哲学理论。

意识自然化的新进路最终落脚于一种自然主义二元论，这似乎令人难以接受，人们自然地倾向于拒绝本体论上的二元扩展而热衷于简单的物理主义。然而，与此相类似的理论变革早在19世纪的物理学领域就已发生。在电磁现象被发现之前，物理学一直被牛顿（Newton）的力学体系所统治，甚至当麦克斯韦（Maxwell）提出电磁场理论时，也还是认为这种理论终将会被力学体系所解释。直到洛伦兹（Lorentz）证实了电磁场是物理实在的一种不可还原的特征，必须作为物理理论的新的基础组成部分，物理学领域才跨入了新的阶段并确立了一套全新的适用概念和理论。事实证明力学只是一种理解物理的方式，它虽然适用于诸多物理现象但却是有限的，为了解释电磁学现象，物理学的本体论不得不加以扩展，如果固执地认为力学所解释的东西就是实在的全部，那么物理学将无法进步。同样，虽然物理主义的解释范围较广但却依然有限，它无法解释非还原的意识经验，我们不能为了追求理论的简单性就束缚于物理主义的教条，"这既是智力的倒退，也是科学的自杀"①。因此，为了实现意识的自然化，为了建构科学的意识理论，接受自然主义二元论是必要且有益的。

当然，正如物理学领域对大统一理论的不懈追求②，自然主义二元论最终也可能被证明是一种一元论。如果物理的内在本质是现象属性或原现象属性，那么（原）现象属性能够同时作为物理领域和现象领域的原因，类似于"一体两面"的观点，物理和意识最终可能是某种本质属性的两个方面。这种现象属性或原现象属性在基础层面无处不在的一元论观点，构成了泛心论或泛原心论，它们或许能够为物理和意识在自然世界中的整合提供最恰当的理论形式。

三　心理物理法则

自然主义二元论主张意识是自然地随附于物理，在这种情况下，物理结构与经验之间的必然联系是由自然法则所担保的，因此一种

① Nagel, Thomas, *The View from Nowhere*, New York: Oxford University Press, 1986, p. 52.

② 随着"弱相互作用""强相互作用"在 20 世纪 30 年代的相继发现，爱因斯坦式的大统一梦想以失败告终。然而这并不代表着物理大统一理论的荒谬性，量子力学、量子电力学理论已向人们证明对物理世界统一描述的可能性。霍金（Stephen William Hawking）在其《时间简史》中曾坦言，这种能够统一说明四种相互作用力（万有引力、电磁力、强相互作用力、弱相互作用力）的大统一理论，虽然不会像爱因斯坦所预测的那样仅通过一个简单的公式就能描述整个宇宙，但这种统一性理论仍可能被发现。

意识理论的基石应当是管辖着意识与物理领域之间关系的心理物理法则。只有当意识理论具备了这样的基础法则时，才有资格被称作是科学的。就像物理学是通过基础法则解释物理的特征及其关系，并没有从任何更加基本的层面解释这些特征的存在，意识理论也不会在"为什么意识存在"的层面上解释意识，而是按照基础的心理物理法则解释意识是如何依赖于物理过程的。基础的物理法则解释物理过程，基础的心理物理法则解释相关的意识经验，两者最终构成了真正的万物之理。

一般而言，基础法则具备明显的简单性，然而这是一个由高层次法则（非基础法则）向底层的基础法则递进的过程。因此，对于物理过程与意识经验之间关系的刻画首先也应从非基础法则开始，最终引向一套简单的基础法则。按照这种步骤，查尔默斯对心理物理法则的建构首先讨论了两种非基础的法则，它们在相对较高的层次上描述了意识对物理过程的依赖关系，并对意识理论和最终的基础法则起到约束作用；然后考察了心理物理基础法则的候选者，它构成了关于意识的基础理论的基石。以下我们依次论述这三条心理物理法则。

1. 结构一致性定律（the principle of structural coherence）

如前所述，意识包括与功能相关的心理的意识，以及主要涉及经验的现象的意识，我们通常将这两个方面称为觉知和意识，两者之间具有系统的关联，即现象判断时意识和觉知之间具有一致性。查尔默斯认为，觉知的内容对应于一阶现象判断①的内容，是在行为控制或口头报告方面直接可存取可利用的信息内容。觉知虽然是纯粹的功能概念，并不衍推关于意识经验的事实，但它与意识经验密

———————————

①　一阶判断通常是关于经验内容的判断，二阶判断是关于经验自身的判断。

切相关。每当有意识经验时我们就意识到该经验的内容即一阶判断，可见凡是有意识之处必有觉知；反之，凡是有适当类型的觉知的地方，一般也有相应的意识经验。因此，意识与觉知之间存在直接对应关系，"在信息可直接用于全局控制（global control）的情况下，当一个系统觉知到某些信息时，那么这种信息是有意识"①，这为理解意识和认知之间的一致性提供了重要论点。更进一步而言，这种一致性体现在意识的各种不同的结构特征直接对应于觉知中的结构特征。觉知的结构即物理过程中信息加工的结构，以颜色感觉为例，其觉知的结构就是对视觉信息的神经加工的结构。通过关于光的波型的三维信息与后续加工得知，现象颜色的三维结构直接对应于视觉觉知的三维结构，因此颜色经验的多样性对应于在视觉信息的神经加工中被表征的多样性。这种意识结构与觉知结构之间的一致性，为从物理过程到意识经验的鸿沟搭建起一座桥梁，意识能够依据联系到觉知的功能组织而发生。不仅仅意识从觉知中产生，而且意识的结构也是由觉知的结构确定的，查尔默斯将此视为意识理论的背景性假定，在承认意识作为世界的基础属性的同时，还承认意识对物理属性的合法依赖。尽管结构一致性定律无法作为基础的心理物理法则，但它起到一种强约束作用，即所提出的基础法则必须以一致性定律为其结果。

2. 组织不变性定律（the principle of organizational invariance）

自然主义二元论主张意识产生于物理基质，具体而言，查尔默斯认为意识是依据大脑的精细的（fine-grained）功能组织而产生的。这种观点建立在组织不变性定律的基础上，即任何具有相同精细功

---

① Chalmers, David J., *The Conscious Mind: In Search of a Fundamental Theory*, New York: Oxford University Press, 1996, p. 237.

能组织的系统都将有性质上同一的意识经验。按照这一定律，意识产生的关键不在于系统的特定的物理构成，而在于它的组成部分间的抽象的因果相互作用模式即功能组织。对不变性定律的反对主要来自两种论证：第一种是感受性质缺失论证，认为相同的功能组织有可能缺乏相应的感受性质；第二种是感受性质倒错论证，认为相同的功能组织有可能产生不同甚至相反的经验感受。查尔默斯认为这两种论证只是逻辑上可能的，但这远不够确立它们的自然可能性。对此，他分别提出了赞成感受性质缺失的淡出感受性质（fading qualia）思想实验和赞成感受性质倒错的变动感受性质（dancing qualia）思想实验。通过分析他指出，淡出感受性质和变动感受性质都造成了意识和认知的严重脱离，甚至是关于心灵的心理方面和现象方面的彻底脱节，因而是不可置信的。这分别证明了感受性质缺失和感受性质倒错在自然上（或实证上）是不可能的，从而论证了功能组织同构将有相同的意识经验这一组织不变性定律。查尔默斯称这种观点为非还原的功能主义，因为意识产生于功能组织，但意识最终却不是一种功能状态，无须还原为功能组织。同样，组织不变性定律也构成了对最终的基础法则的强约束，并对人工智能领域提供了理论支持①。

　　需要特别阐明的是，通过对感受性质缺失和感受性质倒错论证的可能性分析，查尔默斯所确立的结论似乎存在前后矛盾，因为他的反物理主义论证恰是以怪人（感受性质缺失）和颠倒光谱（感受性倒错）的可设想性为基础的，但他在此却又予以否认。这一问题的关键在于查尔默斯对逻辑可能性和自然可能性的划分。具体而

①　按照组织不变性定律，原则上，在各种媒介中（如硅、神经元等）组建的认知系统都可以是有意识的。

言，最强意义上的功能主义或者还原主义，要求感受性质缺失和感受性质倒错是逻辑上不可能的，但查尔默斯论证了它们的逻辑可能性并指出意识不是逻辑地随附于物理的，从而反驳了意识经验可还原为功能组织的还原论解释。然而，尽管无法论证它们在逻辑上是不可能的，但查尔默斯却论证了感受性质缺失和感受性质倒错在自然上（或实证上）是不可能的，认为在现实世界中的正常功能系统下意识和认知不可能彻底分离，从而确立了功能主义的较弱形式即非还原功能主义。

3. 信息两面论（the double-aspect theory of information）

查尔默斯最终将心理物理基础法则指向信息概念，这种信息概念以香农（Claude Elwood Shannon）的信息理论为基础，不涉及信息的语义学概念而是关注信息的形式或句法的概念。在这种理论中，信息状态以及那些状态间的不同关系的基本结构组成了一个信息空间，空间组合结构和子空间关系结构共同构成了信息空间的总体结构。由于整个框架独立于语义学，查尔默斯认为信息空间是抽象的空间，信息状态是抽象的状态，它们并不是具体的物理或者现象世界的一部分，却能够在物理上和现象上实现信息。概而言之，信息在物理上的实现体现在：因果上"形成差异才算差异"（a difference that makes a difference），即物理对象效果状态的差异对应于信息状态的差异，这构成了一个信息空间的物理实现，虽然我们无法为这种实现提供一个精确的标准。信息在现象上的实现体现在：现象状态（经验）之间的相似性和差异性使其具有不同的组合结构，因此能自然地将经验归属于不同的信息空间，可见信息空间的现象实现依赖于经验的内在感受性质及其结构。综上所述，查尔默斯认为："每当我们发现了一种现象上实现了的信息空间，我们也将发现一种物理上实现的信息空间。而且每当一种经验实现了一种信息状态，同样的信息状态也在经验的物理基质中实现。"① 信息的这种两面性构成了物理过程和意识经验之间的基础联系的关键，似乎能够作为心理物理基础法则的候选者从而构成意识理论的基石。在查尔默斯看来，最终这种信息两面论的形而上学可能借助罗素的内在本质论，主张以内在属性为信息状态奠定基础，物理上的信息空间本身建立在现象属性或者原现象属性之上。也就是说，微观物理层面的（原）现象属性作为物理的内在本质，奠定了物理上的信息空间的基础。在这种双面本体论中，信息状态的内在方面是现象的，外在方面是物理的，或者说"经验是来自内部的信息，物理是来自外部信息"②，意识和物理的基础理论可能在一种更宏大的信息理论中相整合。然而，信息两面论由于主张经验普遍存在，不免陷入泛心论的质疑，对此问题我们将在下文中另做论述。

第三节　这是副现象论吗？

二元论的各种理论形式最终都要面临心物因果作用问题，自然主义二元论也不例外。如前所述，二元论对这一根本问题的处理大致可以划分为三类，即交互论、平行论和副现象论。一方面，由于自然主义二元论以物理世界的因果闭合原则为前提，因而该理论对心物因果作用的处理不可能是交互论；另一方面，由于平行论趋向借助有神论的理论框架，而自然主义二元论要求排除任何超验或神

① Chalmers, David J., *The Conscious Mind: In Search of a Fundamental Theory*, New York: Oxford University Press, 1996, p. 284.

② Chalmers, David J., *The Conscious Mind: In Search of a Fundamental Theory*, New York: Oxford University Press, 1996, p. 305.

秘的成分，因此也不可能是平行论。如此一来，仅剩的担忧在于：
自然主义二元论是否沦为一种副现象论？

许多学者认为查尔默斯的理论蕴涵副现象论的观点，他们指出
自然主义二元论主张意识是自然地随附于物理的，同时又承认物理
世界的因果闭合原则，因此意识似乎缺乏对物理的因果效力。① 如果
物理领域是因果闭合的，那么所有物理事件都有充分的物理原因，
从而没有为非物理的意识留下任何发挥因果作用的空间。即便意识
经验被抽离也不会影响对物理事件的解释，所以意识是因果上无关
的（causally irrelevant），是伴随着物理过程的无用的副现象。对此问
题，查尔默斯的回复较为中立，他既认为副现象论没有明显致命的
错误因而是能被接受的，但又强调应尽力避免这种情况并提出了两
种可能性方案。以下我们具体论述查尔默斯对副现象论的这些解决
策略。

一　副现象论的问题

如前所述，杰克逊指出了副现象论所面临的三个主要问题并对
此作出回应，然而我们已证明他的论述没能消解这些问题。为了论
证副现象论是一种没有致命问题的融贯的理论观点，查尔默斯有必
要重新考察这些反对意见。

副现象论通常由于极其违背直觉而受到抵制，但查尔默斯认为
反直觉并不构成拒绝该理论的充足理由，我们需要基于独立的理由
论证其错误性，而副现象论实际上并不存在什么致命的错误。当我
们因为疼痛的感觉而将手从火焰上移开，或因为口渴的感觉而举起

① 参见 Shear, Jonathan(ed.), *Explaining Consciousness: The Hard Problem*, Cambridge, Mass. : MIT Press, 1997。

水杯喝水时，会对意识的因果效力产生强烈的直觉。这种直觉的证据很大程度上依赖于意识经验与行为之间的联系，如某种经验之后通常会出现某种行为，当这种联系不断反复甚至形成规律性时，人们自然会由此推论出意识与行为之间的因果关系。然而查尔默斯指出，副现象论也能通过心理物理法则解释这种直觉的证据，可见我们的直觉在此并不是举足轻重的，诉诸直觉的反对形式并不能提供毁灭性的论证。霍奇森对副现象论的反对也属于这种形式，他试图以各种不同的方式论证意识经验的因果效力，例如指出许多功能在离开意识的情形下无法正常运转等，① 但这些论证依旧只停留在意识具有因果作用的直觉上，而不是通过对功能本身或其他论据的客观分析，所以同样是非决定性的反驳。不过，查尔默斯的论证似乎存在双重标准的嫌疑：在提出意识存在的论据时依赖直觉，但在为副现象论辩护时又与直觉背道而驰。对此他回应道，直觉必须基于理性和证据的背景来评价，对于意识存在的否定与第一人称的证据明显矛盾，而并没有什么直接的证据与副现象论相冲突，因此这两种情形无法等同比较。②

对副现象论的另一种反驳认为，在副现象论的框架中，意识无法通过自然选择进化，因为意识不具备因果效力，进而更不可能有利于生物体的存续和繁衍。对此查尔默斯认为，副现象论能够通过心理物理法则较好地解释意识的进化问题。进化论直接选择某些物

---

① 参见 Hodgson, David, "The Easy Problems Ain't So Easy", in Jonathan Shear(ed.), *Explaining Consciousness: The Hard Problem*, Cambridge, Mass. : MIT Press, 1997, p. 127。

② 参见 Chalmers, David J. , "Consciousness and Its Place in Nature", in Stephen. P. Stich and Ted. A. Warfield(eds.), *The Blackwell Guide to the Philosophy of Mind*, Oxford: Blackwell, 2003, p. 139。

理过程，心理物理法则将物理属性与现象属性相连，从而确保意识伴随那些被选择的物理过程一起进化。就像所有的基础法则一样，心理物理法则也是普遍的、超越时间的，我们没有必要再对这些法则做进化论的解释。意识经验依据心理物理法则自然地随附于物理系统，因此物理进化将意识作为一种副产品，连同它一起进化。

最后一种反副现象论证诉诸意识和意识的表征之间的关系。副现象论似乎必然导致意识与我们关于意识的言论在因果上是无关的，这意味着在我报告"我有意识"时意识没有起到任何因果作用。这种情形无疑是奇怪的，甚至有可能构成副现象论的致命缺陷，因为如果意识与物理状态之间没有因果关系，就无法说明意识如何引起关于意识的信念，从而排除了任何关于意识的知识或对意识的指称。对此，查尔默斯否认知识始终需要因果关系，他认为我们关于意识的知识或指称依赖于更强的联系，即意识对现象信念或现象概念的构成起着重要作用，"现象状态与相关现象信念之间的构成关系对现象信念的认识论而言至关重要"。① 如果这种观点是正确的，那么经验与信念之间不存在因果距离，两者间的直接关系能够使信念得到证明，因此副现象论对意识的知识不会造成妨碍。不过，有反对者接着指出，意识与关于意识的报告（现象判断）之间存在因果关系，否则怪人也能产生相同的报告，正是根据我的经验本身也即怪人没有经验，才能证明我的报告是真的而怪人的报告是假的。查尔默斯依旧认为这不构成对副现象论的有力反驳，他主张在我们的世界里，心理物理法则使意识与关于意识的报告相匹配，两者间的匹

---

① 查尔默斯认为他在《有意识的心灵》的"现象判断的悖论"一章中的表述过弱，他在后来坚持这种更强的表述，即认为信念在认识论中至关重要。参见 Chalmers, David J., "Materialism and the Metaphysics of Modality", *Philosophy and Phenomenological Research*, 1999, 59(2), pp. 493 – 494。

配是一种幸运的巧合。查尔默斯承认这种观点是违背直觉的，但同时又是"自然的"且值得期待的，相关论证需要更为翔实的论据支撑。

综上所述，查尔默斯认为副现象论不存在致命的问题因而能被接受，但同时他又强调这并不意味着副现象论就是合理的。副现象论不仅违背了某些常识观念，更导致了一幅断裂的自然画面，意识作为一种额外的添加物"悬置"在物理过程之上，现象属性和物理属性以较弱的方式结合在一起，最终没能形成一幅关于"意识在自然中的位置"的整合性图景。如果其他意识理论都存在比反直觉或非整合性更强的致命性错误，那么我们将有理由选择副现象论。不过在此之前，查尔默斯认为我们应当认真考察其他候选者。他提出了两种避免副现象论的意识理论方案：一种是否认物理领域的因果闭合，但同时要充分尊重当代物理学，其中最具希望的策略是基于量子力学的交互论；另一种是调和意识的因果作用与物理领域的因果闭合，最终采用的策略借助于罗素的内在本质观点。[①]

二　量子交互作用论

物理世界的因果闭合是查尔默斯自然主义二元论的前提之一，他之所以承认这一原则是出于对当代科学的尊重，而且对此的否认将明显与自然的观点相左。然而考虑到自然主义二元论所面临的副现象论问题，在此我们有必要重新考察因果闭合原则，考察是否某些功能无法完全根据物理的原因来解释，这意味着存在从心灵事件

---

① 参见 Chalmers, David J. , "Moving Forward on the Problem of Consciousness", in Jonathan Shear(ed.), *Explaining Consciousness: The Hard Problem*, Cambridge, Mass. : MIT Press, 1997, p. 402。

到物理事件的下向因果关系，即交互论。如前所述，目前为止对交互论的最有力支持同时也是否认物理因果闭合的最可能原因，是来自一种量子力学的意识—坍缩解释，这种解释主要由魏格纳、霍奇森和斯塔普提出。①

  量子力学是描述微观世界的理论，与经典的物理学框架不同，在量子力学框架内，一个系统的状态必须被表述为波函数。波函数是指从数学上描述的量子粒子的波动性的变量，每一个量子粒子的位置和动量可被看作在该时间处于该位置的不同振幅的波，位置或动量的基本值可以叠加从而表达为相应于状态叠加的波函数。量子力学包括两个动力学原则，波函数能够按照这两种方式随着时间演化。一是薛定谔方程，简要而言它是一种线性微分方程，根据方程能够计算各种状态如何演化为更复杂的状态的叠加，这是量子理论的最基础原则。按照薛定谔方程，宏观层次上世界将演化为宽泛的叠加状态，但这与我们对世界的观察不一致，当我们实际测量一量子粒子时，它是有明确的位置或动量的，因此需要引入另一个动力学原则即测量假设（measurement postulate）。当测量被实施时，波函数从叠加状态坍缩为更确定的状态，这种结果状态仍对应于波函数，但这时的波函数的所有振幅都集中于一个确定的值，这个值与我们的经验完全一致。简而言之，量子力学把系统状态表达为一个波函数，并依照薛定谔方程计算波函数如何随时间演化，直到测量发生时波函数坍缩为确定值的状态，这构成了预测试验测量结果的演算。

---

① 参见 Wigner, Eugene P. , "Remarks on the Mind – Body Question", in I. J. Good (ed.) , *The Scientist Speculates*, London: Heinemann, 1961, pp. 284 – 302; Hodgson, David, *The Mind Matters: Consciousness and Choice in a Quantum World*, Oxford: Oxford University Press, 1991; Stapp, Henry P. , *Mind, Matter, and Quantum Mechanics*, Berlin: Springer-Verlag, 1993。

然而问题在于，什么是测量？如何判定测量的发生？这涉及对量子力学的解释问题。

量子力学的意识—坍缩解释认为，测量就是有意识的观察，测量发生在一个量子系统影响某些人的意识时。因此，观察者的意识在波函数的坍缩中起到关键作用。这种观点预设了意识的基础地位和潜在的因果作用，为一种交互二元论敞开了大门，因而又被称为量子交互作用论（quantum interactionism）或量子二元论（quantum dualism）。在"薛定谔之猫"的例子中，箱子里的猫的状态在被观测之前无法知晓，只能是生和死的状态的叠加，而当观测发生时，箱子里的叠加状态才会"坍缩"为一个确定的状态，即确定猫的死活。这并不是指我们的有意识的观察本身决定了是死猫还是活猫，而是指量子系统的物质确定性离不开有意识的观察者。关于电子的双缝实验（double-slit experiment）也证明了意识的这种作用。当电子从双缝中通过时得到一个类似波的干涉条纹，为了避免电子之间相互干扰的可能性，实验又以电子一个个单独通过双缝的方式重新进行，但仍得到类似波的干涉条纹。然而当试验者在一条缝隙前架设探测器试图观测电子会从哪条缝隙通过时，电子通过双缝却得到两条粒子流而非干涉条纹。实验表明，电子具有波动和粒子的双重性质即波粒二象性（wave-particle duality），而粒子特性的显现离不开观察者的有意识的观测。

量子力学的意识—坍缩解释是有争议的，许多物理学家认为这一理论从一开始就预设了意识本身不是物理的二元论前提，而对此预设的直接接受使得这种解释毫无说服力。查尔默斯并不赞同这种反驳，他认为十分讽刺的是："哲学家对交互论的反对主要基于物理方面（它与物理理论不相容），而物理学家则主要基于哲学方面来反对关于量子力学的交互论解释（它是二元论的）。"① 实际上，查尔默斯对交互论的态度前后发生了很大的转变。在《有意识的心灵》一书中，为与物理学保持一致，查尔默斯曾明确地反对交互论以及对量子力学的意识—坍缩解释，他认为否定物理领域的因果闭合在避免副现象论方面并没有起到多大作用，其所产生的问题远大于所解决的问题，而对于坍缩解释中意识的因果作用也没有详细的研究依据。② 然而查尔默斯在后来指出，这种以追求与物理学相一致为出发点的论证过于轻率，关于交互论的研究空间远大于他在书中的论述。他认为最具希望的交互论形式是：允许意识状态与整个系统的量子状态相联系，并约束意识状态绝不能像物理状态一样叠加。具体而言，"在大脑这样有意识的物理系统中，系统的物理状态和现象状态会在一个（非叠加的）量子状态中相联系。基于对叠加系统的观察，当进行观察时薛定谔进化会使被观察的系统与大脑相关联，产生大脑状态的叠加效果，并进而（依据心理物理的关联）产生意识状态的叠加。但意识的叠加不可能发生，因此作为结果出现的那个意识状态是以某种方式被选择的（很可能是依据现象层面的非决定性动力学原则）。结果是，（依据心理物理的关联）一种明确的大脑状态和一种观察对象的明确状态也被选择了。这可能同样适用于大脑中的意识与非意识过程之间的关系：当叠加的非意识过程将要影响到意识时，就会出现某种选

① Chalmers, David J., "Consciousness and Its Place in Nature", in Stephen. P. Stich and Ted. A. Warfield(eds.), *The Blackwell Guide to the Philosophy of Mind*, Oxford: Blackwell, 2003, p. 126. 查尔默斯在《再论意识难题》一文中也表达过相似的观点，参见 Chalmers, David J., "Moving Forward on the Problem of Consciousness", in Jonathan Shear(ed.), *Explaining Consciousness: The Hard Problem*, Cambridge, Mass.: MIT Press, 1997, p. 403。

② 参见 Chalmers, David J., *The Conscious Mind: In Search of a Fundamental Theory*, New York: Oxford University Press, 1996, pp. 156 – 158。

择。以此方式，意识在物理世界中就产生了一种因果作用。"①

　　这种以意识为波函数坍缩之基础的量子交互作用论，在理论的准确表述、哲学上的可行性以及与其他基础物理理论的兼容性等诸多方面都存在问题。就现有的理论成果而言，该理论确实只是简单地假定了意识的存在，并借此来解释某些物理现象，并没有提出任何对意识的具体解释。不过查尔默斯认为，目前没有明确的论证能够直接排除这种交互作用论的可能性，对此的研究仍有广阔的发展空间，值得我们去严肃对待和进一步考察。然而，相较于量子交互作用论而言，查尔默斯更倾向于第二种避免副现象论的意识理论方案，他认为即便不否认物理领域因果闭合性，也能借助罗素的内在本质观点使意识在物理世界中发挥因果作用。

三　罗素式内在本质论

　　正如罗素在《物的分析》一书中指出的，物理理论通常关系性地刻画它的基本实存物（basic entities），即通过物理实存物与物理属性相互间的关系及其与我们的关系来刻画它们。② 例如，粒子按照它们与其他实存物的相互关系被描述为一束因果倾向（causal disposition），质量和电荷等基础属性也是依据相关的倾向作用描述的，质量最终被刻画为抵抗加速的倾向。我们自然地期待着某种基础层面的内在属性可以作为倾向的基础，然而物理学对这些实存物和属性的内在本质未作任何说明，以此建构的物理世界只是一个巨大的因

---

① Chalmers, David J. , "Consciousness and Its Place in Nature", in Stephen. P. Stich and Ted. A. Warfield(eds.), *The Blackwell Guide to the Philosophy of Mind*, Oxford: Blackwell, 2003, p. 126.

② 参见 Russell, Bertrand, *The Analysis of Matter*, London: Kegan Paul, Trench, Trubner, 1927。

果关系流变的世界，但并没有指明这些因果关系最终关联到什么。我们需要追溯这些因果倾向的范畴基础（categorical basis），即发挥因果作用的基础物理系统的内在本质究竟是什么？

对此，或许有人会指出世界本身就只包含纯粹的因果倾向，因果关系没有关联到更进一步的属性。然而这种观点将导致一幅奇异的世界图景：物理世界是一张巨大的因果网络，但它实际上是基础属性或粒子作为空的占位符（placeholder）之间的因果关系，没有关联到任何实存物因而只是无实质性（insubstantial）的关系网。只承认有因果倾向，而否定这种倾向有其深层的基础，这显然是不合逻辑的。一种使物理世界具有实质性的合理观点应当是：因果关系所关联到的基本实存物的内在本质奠定了倾向的基础，也就是说，内在本质是物理学所刻画的基本物理倾向的范畴基础。① 然而，物理学只是揭示了物质的外在关系结构即关系属性，而对为这些结构和关系奠定基础的内在本质即内在属性可能是什么却保持了沉默。例如，物理学描述了质量的作用即质量在物理体系中的角色，却并没有说明使质量起到这种作用或扮演这种角色的内在属性是什么。随着物理学的不断发展，物理理论对于关系结构的描述日臻完善，但正如霍金在《时间简史》中所述，物理理论并没有解释如何将"火"置于方程式当中以及如何构成这些方程式的结构所描述的实在。② 世界是"纯粹的结构"或"纯粹的因果关系"的观点虽然很有吸引力，但对整个世界作出完整和全面的说明离不开对内在本质的解释。

在我们直接熟知的属性中，只有现象属性符合内在本质所要求

---

① 与此相反，关系主义则认为物质只有关系属性，对于内在属性的寻求是多此一举，因而关系主义对立于内在本质论。

② 参见 Hawking, Stephen, *A Brief History of Time*, New York: Bantam Books, 1988。

的非关系性及内在性特征。而现象属性所面对的形而上学问题恰巧与内在本质的问题相互补充：一方面，需要寻找物理实存物的内在本质来作为因果倾向的基础；另一方面，需要为意识的现象属性在自然秩序中寻求合适的位置。对此人们自然会推测，物理实存物的内在本质和意识的现象属性之间存在某种关联甚至是重合，从而一举解决了以上两个问题。这种观点由罗素提出，并被麦克斯韦尔和洛克伍德等人发展[1]，同时也为查尔默斯所认同。据此观点，或许物理世界的内在属性本身就是现象属性，又或者是能够构成现象属性的原现象属性。不论是哪种方式，现象属性和物理属性都以此紧密相连，现象或原现象属性作为所有物理的因果关系的最终范畴基础，能够从物理的内在属性的因果角色那里继承因果关系，从而意识不再"悬置"于物理之外，而是位于物理学所描述的因果网络之中并发挥因果作用。更重要的是，查尔默斯认为："这种观点与微观物理的因果闭合以及现有的物理法则完全相容。这种观点保留了物理理论的现有结构，只是给这个结构补充了一种内在本质。"[2] 对此他十分形象地指出："因果网络本身依旧保持原有的形状，我们只不过是给它的节点填上了颜色。"[3]

---

① 参见 Maxwell, Grover, "Rigid Designtors and Mind-Body Identity", in Wade Savage (ed.), *Perception and Cognition, Minnesota Studies in the Phiosophy of Science*, Vol. 9, Minneapolis: University of Minnesota Press, 1978; Lockwood, Michael, *Mind, Brain, and the Quantum*, Oxford: Blackwell, 1989。

② Chalmers, David J. , "Consciousness and Its Place in Nature", in Stephen. P. Stich and Ted. A. Warfield(eds.), *The Blackwell Guide to the Philosophy of Mind*, Oxford: Blackwell, 2003, p. 130.

③ Chalmers, David J. , "Moving Forward on the Problem of Consciousness", in Jonathan Shear(ed.), *Explaining Consciousness: The Hard Problem*, Cambridge, Mass. : MIT Press, 1997, p. 405.

　　这种罗素式的内在本质论能够作为一种自然主义二元论，因为它要求现象或原现象在本体论上是基础的，因此在外在的结构关系属性（物理学直接描述的属性）与内在的（原）现象属性（构成意识的属性）之间保持了本质上的二元性。但这种理论更暗含了一种深层的一元论，在极端情况下所有的内在属性都是原现象属性（或称为中立属性），世界的基础属性既不是物理的也不是现象的，但它却同时构成物理领域和现象领域：根据外在关系构建出物理属性，根据内在本质的组合构建出现象属性。据此观点，物理法则是关于内在属性的结构关系的法则，心理物理法则是将内在属性与它们的结构关系联结起来的法则，两者都是关于内在属性的真正的基础法则。这种观点通常被称为罗素一元论，查尔默斯在《意识及其在自然中的位置》一文中称此为 F 型一元论。此外，这种内在本质论还被看作对泛心论或泛原心论的论证，即现象属性或原现象属性构成了所有物理实在的基础，它们在基础层面上无处不在。

　　总而言之，罗素式内在本质论在坚持自然主义二元论的前提下，同时满足了物理世界的因果闭合和意识的因果作用，它对于意识在自然秩序中的位置的论述，描绘了一幅更加整合的世界图景，避免了副现象论所导致的意识与物理世界的断裂。这种自然主义的整合性意识理论备受查尔默斯青睐，他曾直接指出："在心—身问题上我最赞同的观点不是副现象论，而是泛原心论（或罗素式）的立场，它将现象属性或原现象属性作为基本物理倾向的基础。这种观点没有使经验沦为因果上无关的，而是强调经验是因果关系范畴基础的组成部分。"① 可见，尽管查尔默斯认为，量子交互论和泛（原）心

---

　　① Chalmers, David J., "Materialism and the Metaphysics of Modality", *Philosophy and Phenomenological Research*, 1999, 59(2), p.492.

论都能有效地避免副现象论的问题，且不存在明显的理论错误，但他显然倾向于后一种意识理论。为了确保意识的因果效力，同时又尊重物理的因果闭合原则，自然主义二元论必须诉诸罗素式内在本质论，并最终发展为一种泛心论或泛原心论。我们甚至可以说，查尔默斯在建构科学的意识理论的过程中始终渗透着泛（原）心论倾向，不论是在对逻辑随附性失效的论证中，还是在对信息两面论的阐述中，查尔默斯都明确指出了一种泛（原）心论解释的可能性。与此同时，查尔默斯也意识到这种理论存在严重的组合问题（combination problem），即以意识经验的统一性为前提，原现象属性如何组合构成现象属性，或基础的（微观的）现象属性如何组合构成（宏观的）现象属性。对此问题，以及关于泛心论、泛原心论的详细探讨，我们将在第三章中逐一论述。

第三章 自然主义二元论的嬗变：
泛心论与泛原心论

第一节 泛心论的历史和复苏

泛心论在心灵哲学历史中的衍化变迁，与人类对自然世界的认知密切相关。早期泛心论通常带有神秘主义色彩，这种神秘性随着自然科学的不断拓展被层层剥离，泛心论也一步步被物理主义推向心灵哲学的边缘地带。然而，意识问题的出现打破了物理主义一家独大的局面，还原解释的失效推动了当代二元论的发展，泛心论作为一种极端的二元论形式也再现抬头之势。当代泛心论摒弃了早期理论中对自然的畏惧以及对宗教的崇拜，转而追求以量子力学、信息论等自然科学理论证明自身的合理性，展现出与自然主义相互融合的发展趋势，力图在二元论路径的基础上为意识的自然化提供更为恰当的理论解释。为此，我们有必要首先深入了解泛心论在各历史时期、各理论阵营中的概念差异及其与突现论在心灵或意识问题上的对立与调和。

一 泛心论的概念辨析

"泛心论"（panpsychism）一词从构词上由前缀"pan"和词根"psyche"组成，两者分别源于希腊单词"πᾶν"和"ψυχή"，前者指"所有""一切""全部"等意，后者指"心灵"、"灵魂"或"精神"，因此泛心论通常意指所有事物都有心灵（all things have a mind）。斯克比拉指出，所谓"所有事物"是指宇宙中的每个对象、对象的每个方面以及由对象组成的每个系统，或者至少是指事物的最小组成部分（例如原子），它们能够拥有心灵或心灵的性质就构成了泛心论的基本主张。① 西格尔更进一步将泛心论的内涵划分为两个方面，即心灵是本体论上的基础特征且遍及整个宇宙。一方面，心灵无法还原为任何其他事物，甚至无法单纯依据其他事物予以解释，因此心灵本身必须是基础性的特征；另一方面，万物都以某种形式或在一定程度上拥有心灵，因此心灵是无处不在的。②

对于"心灵""基础""遍在"等泛心论关键术语的不同理解，构成了十分不同的泛心论版本，本书在此仅以斯克比拉和西格尔的泛心论概念为例展开辨析。尽管两人都赞同泛心论的核心观点，即一切事物都在某种程度上拥有心灵方面，但他们在某些具体的泛心论观点上则表现出较大差异。斯克比拉认为泛心论作为一种元理论，能够与多种形式的心灵理论相结合，甚至包括还原物理主义。他主

---

① 参见 Skrbina, David, "Panpsychism", in James Fieser and Bradley Dowden(eds.), *The Internet Encyclopedia of Philisophy*(2007 Edition) , retrieved from https: //www. iep. utm. edu/panpsych/。

② 参见 Seager, William, "Panpsychism", in B. P. McLaughlin et al. (eds.), *The Oxford Handbook of Philosophy of Mind*, Oxford: Oxford University Press, 2009, p. 206. 本书对泛心论的界定主要参考西格尔的定义，即以心灵的基础性和普遍性作为泛心论的基本理论主张。

张对泛心论而言，心灵既能被视为可还原的也能被视为不可还原的，心灵的无处不在与这两种观点都相容。① 西格尔则反对这种主张，他认为泛心论要求心灵必须同时作为解释上和本体论上的基础，既不可解释为也不可还原为物理，因此泛心论必须支持非还原的心灵理论。② 斯克比拉和西格尔之所以对此产生理论分歧，主要源于两人对物理领域和心灵领域的不同划分。西格尔将泛心论所涉及的心灵领域严格区分于物理领域，而斯克比拉对此的区分则灵活得多，进而导致了两种不尽相同的泛心论概念。

此外，对于泛心论而言，另一个重要的划分在于心灵状态是否具有意识。将泛心论等价于承认石头也有意识，是人们对泛心论的广泛误解之一，然而实际上这种主张并非被所有泛心论接受。基于对心灵状态有意识与无意识的区分，泛心论既可以主张意识是无处不在的，也可以主张仅仅是心灵的某些无意识的形式（通常被称为原心灵）遍布整个宇宙。这意味着泛心论在主张心灵普遍存在的同时，可以否认意识也是与之同样普遍存在的。因此，我们不能将泛心论所蕴涵的心灵的普遍性，简单地理解为主张一切事物都有像人一样的意识。由此可见，泛心论的各种理论版本提出了不同的概念观点，除了上述两种较为宽泛的定义外，我们很难给出一个具体且统一的泛心论定义。

除了泛心论内部的概念区分外，泛心论与物活论（hylozoism）、泛神论（pantheism）、泛灵论（animism）等理论关系密切，时常在

① 参见 Skrbina, David, "Panpsychism as an Underlying Theme in Western Philosophy", *Journal of Consciousness Studies*, 2003, 10(3): 4 – 46。

② 参见 Goff, Philip; Seager, William and Allen-Hermanson, Sean, "Panpsychism", in Edward N. Zalta(ed.), *The Stanford Encyclopedia of Philosophy*(Summer 2022 Edition), retrieved from https://plato. stanford. edu/entries/panpsychism。

使用中不作区分而造成混淆，因此有必要简要地明晰这些概念间的异同。物活论主张万物在某种程度上都是活着的、有生命的，这种观点最早可以追溯至前苏格拉底时期的米利都学派，英文概念则是由克德沃斯于 1678 年在《宇宙的真正知识体系》① 中最先提出的。由于科学知识的匮乏，古希腊时期的许多哲学家都表现出物活论倾向，很容易把对物质的解释与生命、灵魂联系起来，例如认为磁铁由于具有吸引力因而是活着的，空气由于对生命而言是不可或缺的因而是神圣的。近代物活论在早期物活论观点的基础上进行了修正，发展出了物活论的唯物主义形式，主张生命活动、精神活动存在于一切物质之中，却忽视了有机物与无机物之间的区分，甚至把无机物也视为有生命的，模糊了生命与非生命的界限，因而该理论随着自然科学的发展被逐渐淘汰。泛神论主张所有实在与神是同一的，神是万物的内因（immanent cause），因而不是凌驾于世界之上的，也不同于基督教信奉的人格神。这种理论易与万有在神论（pantheism）相混淆，后者认为神遍在于所有事物之中，就像水可以浸渗于海绵中却不等同于海绵，神也可以既在万物之中却又不与万物相同一，因此这种理论主张神是超越世界的。在近代西方哲学中，最为著名的泛神论者当属斯宾诺莎，他同时使用神、自然和实体这三个范畴表述其哲学最高存在的内涵：既把神归结为自然，又赋予自然以神的本性，而两者都是作为最高存在的实体。这种"神即自然"的观点通常被视为自然的泛神论，此外泛神论还发展出伦理的泛神论、理性的泛神论等多种表现形式，力图调和物质与精神的对立。

---

① Cudworth, Ralph, *The True Intellectual System of the Universe*, Part One, Whitefish: Kessinger Publishing, 1678.

物活论和泛神论分别强调生命与物质、神与物质之间的关系，虽然可以从泛心论的立场对此作出说明，但其理论本身并未直接涉及心灵，因此相对不难区分。最易与泛心论相混淆的理论，是主张万事万物皆有灵魂或精神性质的泛灵论，又被称为万物有灵论。泛灵论作为世界上最古老的信仰体系，现在仍旧以各种形式保留于某些传统部落社会中。对于泛灵论的系统研究最早见于1871年出版的《原始文化》① 一书，作者泰勒认为泛灵论是最早的宗教形式，同时也是所有宗教发端的基础。在泰勒看来，受原始时期人类知识水平的限制，当时的人们将做梦、幻觉、死亡等自然现象看作独立于身体的灵魂的活动，形成了最早的灵魂观，并通过类比的方式把关于自身的灵魂观念推及一切事物之上，认为动物、植物、石头、山川、河流以及自然环境中的雷、风、光影等皆有灵魂或精神，从而导致了泛灵论的产生。这种灵魂观念进一步抽象异化为神灵观念，便形成了最原始的神灵崇拜。由此可见，泛灵论与泛心论都是从古代的灵魂观衍化而来的，都承认灵魂或心灵在宇宙中无处不在。然而，泛灵论仅是以拟人化的方式解释物理世界，泛心论则进一步强调心灵的基础性地位，以及心物整合的恰当性和科学性。通过上述论述，我们不难看出泛心论与物活论、泛神论和泛灵论之间存在不同的理论倾向，但应特别指出的是，在泛心论的起源和发展过程中尤其是在早期阶段，这些理论之间并无显著差异，而是趋于彼此影响渗透并继承延续。

二 泛心论的历史考察

泛心论作为一种古老的理论，其悠长的历史背景在西方哲学史

---

① Tylor, Edward B. , *Primitive Culture*, Lodon: John Murray, 1871.

中可追溯至古希腊时期。这一时期的哲学家都追寻世界的本原问题，但受限于当时的科学知识水平，所提出的理论观点大多带有泛心论倾向。例如，泰勒斯（Thales，c. 624 – 545 B. C. E.）认为具有心灵的存在是"自身推动者"（self-movers），并将此观点延伸至如磁石和琥珀等物体，指出在某些情形下它们能够吸引其他物体因此也具有心灵。阿那克萨戈拉（Anaxagoras，c. 500 – 425 B. C. E.）的"努斯说"通常也被认为带有泛心论色彩，"努斯"（nous）即心、心灵，他认为努斯是独立的、纯粹的、永恒的和无处不在的，是万物形成的推动者同时又能够认识和支配万物，可见心灵是自在自为的普遍者。

　　然而早在古希腊时期，泛心论与突现论之间的争论就已初见端倪。与泰勒斯、阿那克萨戈拉的泛心论倾向相对，恩培多克勒（Empedocles，c. 495 – 435 B. C. E.）和德谟克利特（Democritus，c. 460 – 370 B. C. E.）的理论观点则明显带有突现论倾向。前者主张"四根说"和"流溢说"，认为水、火、气、土四种元素是万物的本原，"四根"本身是永恒的和不变的，借助"爱"和"恨"两种力量在宇宙中循环往复地结合和分离；对所有事物的认识都是从事物中"流溢"出来经过感官"通道"而产生的，因此感官需要按照相应的元素比例认识事物。后者则主张"原子论"和"影像说"，他认为世界的本原是原子和虚空（the void），万物由原子构成，原子之间存在虚空，原子在形状、数量以及排列上的不同构成了事物的多样性，而原子在本质上是相同的，是无限多的、不可分的和永无静止的；感觉和认识都是由事物所流出的影像到达于感官所引起的，"所有的感觉对象都是触觉对象"。在他们看来，心灵、灵魂不一定是普遍存在的，更不是世界的基础特征，而是在基础性的"四根"或原子的交互作用中产生的，带有突现的特征。由此可见，对于心灵的性质及产生问题，泛心论和突现论指出了两条截然不同的解释路径，其争论在心灵哲学发展过程中的各个时期都有所体现。[1]

从前苏格拉底时期之后的古希腊哲学，直至17世纪科学革命才重新燃起人们对于自然科学的关注，在此期间泛心论的发展相对较为缓慢。中世纪时期，所谓亚里士多德主义基督教（"Aristotlelian" Christianity）的兴起，曾一度引发一股反对泛心论的浪潮。文艺复兴时期，布鲁诺（Giordano Bruno）等人打破了经院哲学建立的灵魂概念，使对心灵的思考摆脱了神学的控制。[2] 17世纪近代自然科学的形成颠覆了对事物认知的非自然主义视角，在此背景下，当时的哲学家以理性的思考重新考察了心灵，特别是心物关系问题。笛卡尔作为近代心灵哲学的先驱，其理论主导了这一时期关于心灵问题的讨论方向，他的实体二元论在本体论上彻底划分了心灵与物理，却在对心物因果作用的解释上陷入困境，未能将心灵融入关于世界的科学图景之中。对此问题，笛卡尔之后的学者相继提出各种解决方案，其中不乏带有泛心论倾向的观点，主要代表人物有斯宾诺莎和莱布尼茨。斯宾诺莎认为实体只有一个即神或自然，心灵与物理是这个实体的两个方面或两种属性，因此自然中的一切都带有心灵的一面。莱布尼茨则认为世界万物由无限的单子（monads）构成，单子是有知觉、有欲望的精神实体，上帝预设的"前定和谐"确保了由单子所组成的整个宇宙的和谐一致。这种以心灵性质作为基础元素的内在本质的方法，对后期泛心论的理论形式产生了深刻的影响。此外，

---

① 此外，还原论也属于对心灵的产生问题的一种常见回答，这三种理论之间的具体关系详见下文。

② 参见 Goff, Philip; Seager, William and Allen-Hermanson, Sean, "Panpsychism", in Edward N. Zalta(ed.), *The Stanford Encyclopedia of Philosophy* (Summer 2022 Edition), retrieved from https: //plato. stanford. edu/entries/panpsychism。

贝克莱主张除了心灵和心灵属性之外无物存在，其观点被视为"唯心主义的泛心论"（idealist panpsychism）的较强表达形式。在此之后，不断涌现出各种形式的唯心主义观点，也从侧面反映了这一时期泛心论的盛行。

19世纪是泛心论发展的全盛时期，包括费希纳（Gustav T. Fechner）、洛采（Rudolf H. Lotze）在内的大批早期心理学家都曾对泛心论观点作出辩护。费希纳主张心灵与物理作为世界的两个方面相互平行，所有的物理实存物都有心灵属性，反之亦然，这种观点被西格尔称为"平行论的泛心论"（parallelist panpsychism）。为了论证心灵与物理之间的依存关系，费希纳通过实验研究建立了心物之间的计量法则，以此奠定了心理物理学的基础。洛采则主张物理世界在本质上是心灵的"外观"，他虽然提倡一种机械化的自然观，但最终将一切都归结于灵魂本身，因此属于"唯心主义的泛心论"。19世纪末20世纪初，怀特海（Alfred North Whitehead）在《过程与实在》等著作中以过程取代了传统的实在论观点，认为一切事物都表现为不断生成、展开的动态过程，因而具有活动性、创造性和自发性等能力，是万物普遍具有的内在本质，这种理论成为当时最具代表性的泛心论观点。与此同时，摩根（Lloyd Morgan）和布罗德等人提出一种有别于传统突现模式的"激进突现论"（radical emergentism），再次激化了泛心论与突现论之间的争论，一度成为这一时期心灵哲学的研究重心。然而，随着自然科学在各领域的不断深化以及逻辑实证主义对形而上学的拒斥，激进突现论对化学和生命的解释被彻底否定，与泛心论相关的讨论也逐步被边缘化。

到20世纪上半叶，物理科学的蓬勃发展推动了对科学统一性的追求，在心灵哲学领域引发了物理主义理论的集中爆发，受此影响泛心论在此后的几十年间迅速衰落，鲜有学者问津。直至20世纪六七十年代，物理主义在意识问题上的解释空白使心灵再次成为哲学和科学的研究重点，对这一问题的回答分化出物理主义、二元论等不同的解释路径，也有一小批学者始终坚持泛心论立场并结合时代背景对此重新加以阐述，代表人物有盖伦·斯特劳森（Galen Strawson）、罗森贝格（Gregg Rosenberg）和斯克比拉。此外，包括托马斯·内格尔、查尔默斯、西格尔在内的许多学者，其理论观点虽然并非意在为泛心论提供辩护，但在对意识问题的解释过程中无一不表现出对泛心论的赞同，因此通常也被划分至当代泛心论阵营之中。由此可见，泛心论在其发展历程中几经起伏，甚至一度被斥为荒谬可笑的落后理论，却始终在心灵哲学领域占有一席之地，受自然主义和现代科学尤其是量子力学的影响，泛心论在当代又重新焕发出新的生机。

三　泛心论与突现论

通过对泛心论发展历史的论述，我们不难发现，对于心灵或意识问题的讨论始终无法摆脱泛心论与突现论的两难困境。随着当代认知革命所引发的对于心灵问题的科学和哲学探讨，围绕着泛心论与突现论展开的争论又被重新点燃。以查尔默斯为代表，当代心灵哲学家对于意识的阐释动摇了传统的科学图景，从而迫使人们去重新考察科学世界观的形而上学基础，其中最为关键的问题在于如何用自然的术语说明意识的产生。① 可见，如果说物理主义和二元论的

---

① 除了在上述概念辨析和历史发展中所涉及的泛心论外，本书所论述的泛心论主要指狭义的泛心论概念，即心灵状态是有意识的，因此下文中对心灵问题的讨论均包括或特指意识问题。同样，下文中的"心灵属性"与"物理属性"相对，并未详细区分"心理属性"和"现象属性"，但"心灵属性"均包括或特指"现象属性"，当论及具体的意识问题时，仍延续前文使用"现象属性"。

争论焦点在于：意识能否被物理理论所解释的"解释问题"以及意识本身是否是物理的"本体论问题"，那么泛心论和突现论的争论则更倾向于：意识如何从物理中产生的"产生问题"以及如何将意识纳入科学的世界图景的"整合问题"。西格尔曾指出，实际上只有两种理论承诺了心灵与物理在自然世界中的整合，即突现论和泛心论。[①] 也就是说，意识要么是基础层面的突现性产物，要么本身就是世界的基础结构。

突现论的产生与对于整体和部分关系的讨论密切相关，尽管这种理论倾向早在古希腊时期就有所显露，但"突现"一词直到1875年才由刘易斯在《生命与心灵的诸问题》[②] 一书中首次提出。20世纪初，以亚历山大、摩根和布罗德为代表的早期英国突现论学者划分了多种突现论概念。从强弱程度来看，温和的突现论主张尽管从复杂系统中突现的现象或属性是不可预测的，但它们在原则上能够从基础属性中推论出来；而更激进的突现论则主张，突现现象或突现属性不能依据系统中任何已知或未知、部分或整体的基础属性推论出来。此外，突现论还可划分为本体论上的和认识论上的，前者承认突现属性不能用基础属性解释，有独立的本体论地位；后者则将突现属性归为认知上的不可预测，只是基础成分中尚不了解的属性。

与泛心论坚持心灵的基础性和普遍性不同，突现论主张心灵属性是从物理系统中突现出的新异属性，因而通常认为这两种理论相

---

① 参见 Goff, Philip; Seager, William and Allen-Hermanson, Sean, "Panpsychism", in Edward N. Zalta（ed.）, *The Stanford Encyclopedia of Philosophy*（Summer 2022 Edition）, retrieved from https://plato. stanford. edu/entries/panpsychism。

② Lewes, George Henry, *The Problems of Life and Mind*, First Series: The Foundations of a Creed, Vol. 2, London: Kegan Paul, Trench, Trubner, 1875.

互对立。不过，突现论与泛心论之间的对立并非绝对。在通常情况下，对泛心论的理论辩护以否定突现论为基础。以对泛心论的起源论证（generic arguments）为例，一方面，先验起源论证认为，认识论上的突现只是说明存在尚未了解的属性，而任何非认识论形式的突现论都是理论上不连贯的，因此心灵必须是基础性的；另一方面，经验起源论证则基于达尔文的生物进化论，认为从最简单的生命形式到高度复杂的生命形式的进化过程是连续的，泛心论支持者克利福德曾强调："我们无法设想在进化过程的任何节点上，能够发生从一个生物到另一个生物的巨大跳跃。"① 因此，已有的属性可以塑造进化为更加复杂的形式，但不可能从中产生出全新的属性，所以心灵的要素必须存在于全部物质之中。

然而，也有部分学者模糊了泛心论与突现论之间的冲突。在查尔默斯看来，弱突现论实则与（非还原）物理主义相一致，而强突现论承认突现现象或属性的本体论地位，从而扩展了世界的基础特征，最终导致二元论。查尔默斯的突现论观点与其随附性理论密切相关，他认为包括化学、生物在内的所有非基础属性都逻辑随附于（或称为概念上随附）基础的物理属性，某些属性尽管无法从低阶属性中预测到，但仍然能够依据物理的基础特征和基础法则推论出，因此只是弱突现现象。查尔默斯认为意识是唯一的强突现现象，因为意识并非逻辑地而是自然地随附于（或称为法则上随附）基础的物理属性。意识依据心理物理法则，由功能组织突现而来却不是一种功能状态，因此既建立在物理基础之上与功能组织相关联，又作为独立于物理属性的基础属性，从而将意识作为非物理的基础特征

---

① Clifford, William, "Body and Mind", in Leslie Stephen and Frederick Pollock(eds.), *Lectures and Essays*, London: Macmillan, 1886, p. 266.

引入自然世界。由此，查尔默斯关于意识的强突现理论衍化出一种属性二元论，为其自然主义二元论提供了有力的辩护，弱化了泛心论与突现论之间的对立。

可见，突现论在当代发展出各种理论形态，不论是物理主义还是二元论都试图借突现论论证其观点。物理主义者认为突现论与物理主义特别是非还原物理主义的立场相契合，突现现象和属性并未对物理主义构成威胁。对此，霍根、克兰、金在权等学者对突现属性与还原属性、非还原属性之间的关系展开了深入的讨论，霍根反对以非还原性定义突现属性，而克兰和金在权则倾向于认同非还原属性与突现属性之间的一致性。当代二元论也表现出对突现论特别是强突现论的青睐，包括查尔默斯在内的部分学者赞同从强突现论到二元论的推论关系。不过，也有二元论者反对以强突现属性解释意识的基础性地位。托马斯·内格尔所主张的双面理论（double aspect theory）带有典型的二元论特征，但他坚持否定突现，甚至指出："复杂系统中不存在真正的突现属性。一个复杂系统中的所有属性（除去该系统与其他事物之间关系的属性），都来自作为它的构成部分的属性以及这些部分在组合时的交互作用。"[1] 内格尔以这种先验起源论证的形式否定了突现论，并在此基础上进一步提出他的泛心论观点。

第二节　内格尔的双面理论和泛心论

查尔默斯关于意识的强突现论观点，为他的自然主义二元论提

---

[1] Nagel, Thomas, "Panpsychism", *Mortal Questions*, Cambridge: Cambridge University Press, 1979, p. 182.

供了理论根据。然而，与自然主义二元论相同，这种强突现论也剥夺了意识的因果效力，最终在心物因果作用问题上沦为副现象论。由于突现论主张从低阶到高阶的突现关系，而所有的因果关系都是低阶的物理因果关系的结果，不存在任何非继承性的突现因果关系，因此意识只是从物理系统中突现的无用的副现象。为了确保意识的因果效力同时又不破坏物理的因果闭合原则，查尔默斯结合罗素一元论即内在本质论，试图修正自然主义二元论中的突现论思想，并进而发展出一种泛心论或泛原心论。与查尔默斯相比，内格尔始终坚持不存在真正的突现属性，他在心物关系问题上主张双面理论或更深层面的中立一元论（neutral monism），并在此基础上结合内在本质论发展出一种"泛心论的双面理论"（panpsychist double aspect theory），由此避免了突现论所面临的副现象论问题。笔者认为，查尔默斯所主张的泛（原）心论在实质上与内格尔的泛心论观点相同，两者都融合了中立一元论、双面理论以及泛心论的核心观点，有效地避免了意识自然化进程中的多方问题，更为恰当地描绘了意识在自然中的位置。

一 中立一元论、双面理论和泛心论

在对心物关系问题的处理上，中立一元论、双面理论和泛心论之间，既存在概念上的细致区分又存在深层的理论联系。中立一元论主张基础实在的内在本质是中立性的，它包含各种中立的基础实存物，并进一步衍生出心灵的和物理的非中立实存物。需要强调的是，对于基础实存物的"中立性"的定义有两种，传统中立一元论主张基础实存物在本质上既不是心灵的也不是物理的，称为否定性观点（neither view），此外中立一元论还包括另一种肯定性观点（both view），即主张基础实存物在本质上既是心灵的也是物理的。包括罗素在内的传统中立一元论反对这种肯定性观点，他们认为"心灵的"和"物理的"分别对应于两组基础实存物，而非每一个基础实存物。也就是说，一组基础实存物构成了心灵，另一组构成了物理，而基础实存物本身即非心灵的也非物理的而是中立的。然而，随着心物划分方式的不断更新以及心物联系的不断加深，当代中立一元论者大多采纳了肯定性观点，认为心灵和物理均是世界的基础特征因而中立性理应同时包含两者。此外，与否定性观点在内在本质上的不可知性相比，中立一元论的肯定性观点指明了基础实存物的内涵范畴。不过，肯定性观点也存在缺陷，这种定义下的中立一元论与双面理论、泛心论在概念上难以区分，而否定性观点则使中立一元论明显区别于其他理论，因此一般仍以既不是心灵也不是物理的中立性作为中立一元论的最直接定义。①

双面理论或两面论主张心灵和物理是基础实在的两个方面，这两个方面都是本质的且不可相互还原，该理论通常可追溯至斯宾诺莎关于实体与属性的"一体两面"观点。在基础实存物与心物特征的关系问题上，双面理论与中立一元论十分相似。但相较而言，双面理论中的每一个基础实存物都具有心灵的和物理的特征，而中立一元论尽管认同心物特征，但更强调基础实存物本身的中立性。举例来说，双面理论认为我们的大脑由具有心灵和物理两个方面的基础实存物构成，而中立一元论则认为，构成大脑的中立实存物分为两组，一组构成思想、感觉等心灵实存物，另一组构成神经元、脑叶等物理实存物，由中立实存物组成的复杂结构可以具有心灵或物理的特征，但中立实存物本身与这些特征无关。简而言之，双面理

---

① 参见 Stubenberg, Leopold and Wishon, Donovan, "Neutral Monism", in Edward N. Zalta & Uri Nodelman(eds.) , *The Stanford Encyclopedia of Philosophy* (Spring 2023 Edition) , retrieved from https://plato. stanford. edu/entries/neutral - monism。

论中的心物特征处于每一个基础实存物之中，中立一元论中的心物特征则处于一组基础实存物之中而在每一个基础实存物之外。在内格尔看来，这两种理论能够进一步整合为一种关于世界的连贯描述：世界的基础成分具有既非心灵又非物理的属性，每一个基础实存物的这种中立属性都能产生出（原）心灵和物理属性，因此每一个基础成分都是复杂的，都具有（原）心灵属性、物理属性，以及作为这两种属性之必然结果的第三种属性即中立属性。不过，即便不主张这种整合性观点，也不妨碍双面理论与中立一元论之间的一致性。因为上述理论区分均建立在中立一元论的否定性观点上，如果以肯定性观点重新审视，那么中立一元论几乎等同于双面理论特别是其所包含的属性二元论。这两种观点都主张基础实存物具有心灵属性和物理属性，只不过双面理论更强调心灵与物理的两方面性，中立一元论更强调既是心灵又是物理的中立性。

中立一元论通常被视为泛心论的一种版本，但两者在概念上存在较大差异。在泛心论看来，每一个基础实存物（通常指物理实存物）都有心灵，心灵是无处不在的基础特征，不可还原为物理或其他任何特征。而中立一元论的否定性观点则主张基础实在是中立的，心灵和物理可以还原为更基础的中立实存物，因此心灵的基础性地位在中立一元论中被严重削弱。然而，当按照肯定性观点理解中立一元论时，上述理论差异则明显有所缩小，尽管由肯定性观点无法得出每一个基础物理实存物都有心灵的泛心论主张，但至少能够得出每一个基础实存物都有心灵和物理方面的双面理论主张。双面理论和泛心论之间的区分与联系则更加微妙，对此内格尔曾指出"泛心论实际上是彻底的二元论"[①]，但

---

① Nagel, Thomas, *Concealment and Exposure*, Oxford: Oxford University Press, 2002, p. 231.

他认为这种二元论不可能是实体二元论，因而一种合理的泛心论版本只能是属性二元论的或是双面理论的，即"泛心论的双面理论"。这种观点将心灵置于物理实在的基础层面，既不可还原为物理又不在物理之外或之上，心灵和物理属性作为世界的基础特征既在本体论上相互衍推，又在认识论和因果关系上相互区别。

综上所述，中立一元论、双面理论和泛心论都主张心灵在自然世界中有其位置，认为基础实存物具有不可还原的、基础性的心灵或心灵属性。特别是当以肯定性观点定义中立一元论时，这三种概念通常互为依据、难以区分。这种理论关联性尤其表现在内格尔与查尔默斯的意识理论研究中，两人都以中立一元论（内在本质论）、双面理论（属性二元论）和泛心论为基础，试图将意识作为非还原的基础特征引入自然世界，构成一幅心灵与物理相整合的科学的世界图景。下面，我们首先介绍内格尔对于这种意识自然化理论的阐述及论证。

二　心灵的主客观性与双面理论

内格尔的意识理论大体可以分为三个方面：经验的主观性特征、心灵的客观性概念以及建立在前两者基础上的"双面理论"。

作为当代意识问题研究的先驱之一，内格尔的贡献主要在于他对意识经验的主观性的论证，由此引申出的感受性质问题至今仍备受关注。在内格尔看来，心—身问题的难解源于意识，而意识的难解又源于主观性。他认为，虽然我们无法确定是否所有的生物都具有意识经验，但不可否认的是，意识经验作为一种现象广泛地存在于自然世界中。内格尔在《蝙蝠》一文中指出，对于所有意识主体而言都有所谓的"成为那个有机体是怎样一回事"，而这种经验的主观性特征拒绝经验想象的外推，只有通过某类特殊的视角才能被完全理解，无法还原为人的行为或人脑的生理机制和功能。由此不难看出，意识经验并不符合现有的还原理论，还原解释不能甚至是没有解释意识的核心特征即主观性，因为任何向物理客观性的还原都只会更加远离意识的主观性。① 可见，内格尔所阐述的经验的主观性特征类似于查尔默斯后来提出的"现象的意识"，属于意识的难解问题，两人也都反对意识的还原解释，主张令人满意的意识解释必须是新的非还原的理论。

与对心灵或意识的讨论不同，人们在提及物理世界时通常探讨的是客观性。这种客观性意味着我们可以从外部进行观察，被观察对象可以通过不同视角以及不同的个体观念系统来理解，而不是被某人所独有。那么，心灵是否也具有这种去视角的、客观性的特征，使我们能够脱离特殊的视角去观察理解它呢？鉴于经验想象外推以及还原解释在主观性特征问题上的双双失效，内格尔指出可以借鉴物理的客观性观念，以一种更为分离（detached）的客观途径来理解心灵。也就是说，对于那些我们无法拥有并在主观上无法想象的意识经验，可以试着去接受一种（绝对）普遍的心灵概念，进而从外部以更详细但不带第一人称的理解去思考它们。内格尔认为这就是对待心灵的一种客观性立场即"心灵的客观性概念"（objective concept of mind），而这实际上就是他在《蝙蝠》一文末所提出的"不依赖移情或想象的客观现象学"。这种客观性理解能将主观上无法想象的其他生物的心灵置于我们关于自然世界的观念中，同时又没有像行为主义、功能主义等物理主义那样抛弃了意识经验的主观性特征。然而，任何一种关于心灵的客观性概念都不可能完全地解释心灵本

① 参见 Nagel, Thomas, "What Is It Like to Be a Bat?", *Philosophical Review*, 1974, 83 (4): 435 – 450。

身，因为每个意识经验及其视角的精确特征只能从心灵内部在主观上被理解。这里并不是说我们在客观描述方面有所遗漏，而是说客观的立场在本质上就是有限的，无法涵盖自然世界的全部特征。内格尔认为，我们应当放弃那种认为客观世界与真实世界完全一致的观点，由于客观性本身就是不完整的，因此不论客观性的描述或分析多么充分，都不可能包含任何存在于真实世界中的非客观性特征。

可见，内格尔清楚地意识到在心灵问题上主观方面与客观方面之间的张力，其理论目标就在于调和这种张力从而整合主与客、心与物之间的关系。这里面临两条路径：一是从主观性出发，以个人的经验视角为前提客观地认识世界；二是从客观性出发，在无中心视角的客观的世界中容纳下主观性特征。内格尔选择了从客观性出发，由此便引申出心灵的自然化问题：这样一种不论通过何种客观途径理解，仍具有不可还原的主观性特征的心灵，如何能够与客观的物理在自然世界中相整合？这就涉及所谓的心灵的归属问题，内格尔对此问题的回答正是其双面理论学说。内格尔既不主张以灵魂作为心灵载体的实体二元论，又反对认为心灵没有任何归属的"无所有者"（no‐ownership）的观点。在他看来，心灵与物理之间具有明显的密切关系，任何心灵状态都不能离开其主体的物理变化而发生，此外没有确切的原因表明，主观性的意识经验不应该属于那些具有重量、占据空间并最终由原子构成的物理事物。鉴于以上观点，内格尔在《超然之见》① 一书中明确提出一种较为折中的"双面理论"，主张单一事物能够同时拥有两种相互不可还原的本质属性——

---

① 该书中译本译名为"本然的观点"，还有学者译为"不知出自何处的观点"或"无源之见"。笔者认为内格尔强调的是不从任何特定角度来看待世界，这是一种超然的、客观的视角，故这里译为"超然之见"。

心灵属性和物理属性，两者之间的关联不同于传统心物还原论中直接的必然联系，而是直到某种更深层面才能显现的潜在的必然联系。①

综上所述，内格尔的双面理论从强调心灵的主观性特征到探索心灵的客观性概念，再到试图将心灵属性归属于某种也有物理属性的实存物，最终指向了心灵与物理在更深层理论中的统一。双面理论的初衷在于解释心物关系问题，而该问题之所以存在是出于人们自然地倾向于将有意识的心灵置于关于自然世界的科学理解之中。然而，意识经验与物理过程之间的矛盾关系却阻碍了这幅整合性图景的形成：一方面，一切心灵活动似乎都明显的依赖于物理，或发生在物理过程之中；另一方面，心灵的主观性特征无法单靠物理解释来说明，即不能归结或还原为物理状态或物理属性。双面理论试图打破这层阻碍，主张由物质成分构成的复杂生物有机体可能拥有非物理属性，而心灵过程也同样具有某种物理属性或以物理过程为充分条件，因此心灵与物理也许同时是一个基础实存物的两种本质属性，心灵过程和物理过程之间存在一种必然的同一。这种观点为心灵与物理的内在联系提供了可能性，也为主客、心物在自然世界中的整合提供了理论基础。不过这并非双面理论的终点，如前所述，内格尔的双面理论进一步融合了中立一元论的观点，他认为这种强调心物区分的理论终将在某种层面被更中立的理论所取代，心灵与物理作为宇宙整体的基础构成成分，最终很有可能在某种其基本术语既不属于心灵也不属于物理的理论中得到统一的描述，即一种"新的非还原论的统一"（new unity that is not reductionist）。这种观点

① 参见 Thomas Nagel, *The View from Nowhere*, New York: Oxford University Press, 1986, pp. 28 – 32。

在内格尔的新作《心灵和宇宙》中被进一步阐述，他主张心灵是自然世界的基础方面而非偶然的"附加物"，物理主义版本的生物进化论无法全面地解释心灵和意识的存在，对于心灵和大脑之间关系的说明应当依据某些更为基础或中立的自然定律，而不是简单的还原解释。① 内格尔的这种中立一元论倾向为他的泛心论思想奠定了基础。

不得不承认，内格尔的研究路径与传统的世界观之间存在较大差异，人们习惯于接受一种先天的物理主义观念，认为自然世界必定是物理的，而物理主义必定是真的，在此前提下的心灵理论只能走向还原解释的道路。而内格尔的理论则向我们证明了心灵与物理之间的解释鸿沟，甚至传统的物理主义本体论图式也必须作出相应的修改和变革，从而确立有意识的心灵在自然世界中的位置。这种正视心灵及其自然化的理论，将我们对于世界的认识向前推进了一大步。当然，内格尔并不认为其双面理论是完全可理解的，他指出该理论的大部分内容都仅处于理论设想阶段，甚至存在十分明显的形而上学化的拼接痕迹。

三　"原—心灵属性"与泛心论

不难看出，内格尔的双面理论侧重于解释心灵在自然世界中的位置，而非揭示心灵的真实本质。他主张心灵属性和物理属性是基础实存物的两个方面，这种观点与他所坚持的三个理论前提密切相关，即物质构成论、非还原论以及实在论。

在内格尔看来，包括人类在内的任何有机体都是一个复杂的物

---

① 参见 Nagel, Thomas, *Mind and Cosmos: Why the Materialist Neo-Darwinian Conception of Nature Is Almost Certainly False*, Oxford: Oxford University Press, 2012。

质系统，在物理构成中不存在任何独特的成分。不同的有机体都是由同样的基础成分构成的，只不过其中的化学或生物学结构有所不同，因而基础成分的排列组合方式不同。可见，尽管有机体的构成结构十分复杂，但构成成分却非常单一，不需要任何物质之外的成分。此外，内格尔又主张心灵具有不可还原的主观性特征。如前所述，内格尔认为意识经验广泛存在，行为性或功能性的描述无法穷尽意识经验的所有内容，只有通过某类特殊的视角才能理解经验的主观性特征。因此他指出，在物理层次和有意识的经验之间存在解释上的鸿沟，任何形式的还原论都无法解释意识经验的主观性，同时也就无法消解心灵或意识。基于物质构成论和非还原论，自然引出对于归属问题的探讨——以人类为代表，某些由物质成分构成的复杂生物有机体不仅具有物理属性，还具有诸如感受性质等无法为物理属性所包含的心灵属性，那么这种非物理的基础属性最终归属于何处？对此，内格尔否认心灵状态是灵魂的状态，也并不认同对于心灵状态的本质只能给出归属标准或条件，因此意识经验作为一种生物学意义上的产物只可能是有机体本身的状态。内格尔承认，这种对于实在论的排除法论证十分薄弱，但他认为这是目前而言最为合适的选择。①

基于以上三个理论前提，内格尔主张物理属性绝不包含心灵属性，心灵属性与物理属性同时作为有机体的基础成分的本质属性。然而，这种双面理论在对心物关系的进一步阐释上仍面临"产生问题"，因为意识经验不可能凭空产生。对此问题，双面理论通常采取两种策略：一是认为心灵既不可还原为物理又不在物理之外，而是

① 参见 Nagel, Thomas, "Panpsychism", *Mortal Questions*, Cambridge: Cambridge University Press, 1979, p. 193。

位于基础的物质之中，这种观点与泛心论相一致；二是主张心灵作为基础属性，位于物理属性之外或之上，这种观点对应于突现论。这两种策略都反对心灵的还原解释，但两者对于非还原论的论证方式却大相径庭。

在内格尔看来，尽管还原论与突现论对于产生问题的解释在方向上相互对立，但心灵的非还原并不意味着心灵属性就是突现属性。他明确地反对本体论上的强突现论，认为复杂系统的所有属性，必然是由基础成分的属性及其相互作用构成的，即便是心灵属性也在基础层面有其根源。而本体论上的突现论则主张，复杂（高阶）层面上的突现属性不能用基础成分中任何已知或未知的属性来解释。内格尔认为承认这种突现论，就意味着承认心灵属性的产生不过是偶然性的，不存在任何与物理属性或基础层面的因果必然性。也就是说，突现论最多只能通过心理物理法则说明物理与心灵之间的一贯联系，但并不能解释心灵属性为何必然地出现于物理有机体之中，因此心灵属性的因果关系只能是表面现象，不具有任何实际上的因果效力。这种使心灵现象沦为副现象的突现论，不仅违背了常识观念更导致一幅断裂的自然画面，显然与内格尔所追求的整合性图景相违背。

综合上述观点，内格尔既不主张还原论又反对突现论，而是选择以泛心论解释其双面理论中心灵与物理的必然联系。内格尔认为泛心论的核心观点即认为"宇宙的基本物理成分都有心灵属性"，狭义的泛心论将心灵的范围限制在人及其他有意识的物种内，更普遍的泛心论则延伸至花草树木甚至岩石湖泊。内格尔支持前一种狭义的观点，他在《泛心论》一文中这样描述泛心论的推论过程："如果一个有机体的心灵属性并不被任何物理属性所包含，而必须从有机体的成分的属性中产生，那么那些成分必然具有非物理的属性，当以恰当的方式结合时就会随之出现心灵属性。既然任何物质都能组成一个有机体,那么所有物质都必然具有心灵属性。"① 也就是说,如果我们主张心灵是生理的产物,而且否认心灵的还原论和突现论解释,那么物理实在的基础层面一定具有"原—心灵属性"(proto - mental properties),它们是心灵现象的发源地、是一切可能的意识形式的基础。

内格尔的上述观点通常被视为关于泛心论的内在本质论证(in-trinsic nature argument),即主张心灵特征是物理实在的原始特征从而论证泛心论的合理性,小斯特劳森进一步补充发展了这种观点,并在此基础上调和了泛心论与自然主义之间的矛盾。通常认为,内在本质论证以莱布尼茨的可还原原则为基础,该原则主张事物的一切外部属性(关系属性)都可还原为内在属性。在泛心论者看来,意识的现象属性就是内在属性的最佳候选者,这一原则为意识的基础性和普遍性提供了恰当的理论基础,即便是弱化的可还原原则也承认内在属性的首要地位,因此一切事物都在某种程度上拥有心灵或意识方面。如前所述,罗素认为物理学以因果倾向刻画了基础物理系统的关系属性,但这种物理概念从根本上而言是不完善的,因为它并没有指明这些倾向性的范畴基础,即物理实存物和属性的内在本质。对此罗素提议,物理世界中未知的内在属性可能就是意识的现象属性或原现象属性,即内格尔所说的原—心灵属性。这种观点将物理属性和现象属性紧密结合,自然世界由具有内在的(原)现象属性的实存物构成,物理学从这些实存物之间的关系属性中产生,而意识从这些实存物的内在属性中产生。

与突现论所导致的副现象论不同,这种以内在本质论为基础的泛

---

① Nagel, Thomas, "Panpsychism", *Mortal Questions*, Cambridge: Cambridge University Press, 1979, p. 182.

心论一方面满足了自然主义的要求，另一方面又承认心灵的因果效力。作为内在本质的意识在本体论上与物理相互衍推，但两者在认识论上和因果关系上则存在显著区分，现象属性无法通过物理术语解释，意识和物理也处于不同的因果链条。因此至少在微观层面，不存在上向或下向的心物因果关系，泛心论对意识的解释没有破坏物理的因果闭合原则。但这并不意味着意识毫无因果效力，（原）现象属性是物理事件产生的必要原因之一，是所有物理的因果关系的最终范畴基础，而且泛心论也并不否认心灵事件与物理事件之间宏观的因果关系。因此，意识至少间接地作用于物理世界，并没有沦为因果上无关的副现象。

总而言之，内格尔在双面理论的基础上结合内在本质论，主张原—心灵属性根源于物理实存物内部的泛心论观点。这种泛心论的双面理论将意识作为非物理的基础特征引入自然世界，与此同时，既满足了自然主义的物理因果闭合原则，又确保了意识的因果效力从而避免了副现象论，最终描绘出一幅心灵与物理相整合的世界图景。

第三节　查尔默斯的泛心论和泛原心论

如前所述，查尔默斯的意识理论始终渗透着泛心论或泛原心论倾向。他曾在《有意识的心灵》中指出："泛心论并不是我的观点的形而上学基础，宁可说，我的观点的形而上学基础是配以心理物理学定律的自然主义二元论。泛心论只是经验自然随附于物理起作用的一种方式。"[①] 然而，随着自然主义二元论不可避免地陷入难以解决

① Chalmers, David J., *The Conscious Mind: In Search of a Fundamental Theory*, New York: Oxford University Press, 1996, p. 299.

的理论困境，查尔默斯对泛心论的态度发生了彻底的转变。许多学者指出，自然主义二元论及其所暗含的强突现论观点，始终无法摆脱意识沦为副现象的困境，就连查尔默斯本人也承认，因果效力的缺失严重阻碍了意识的自然化进程。为了避免意识与物理世界的断裂，查尔默斯在其后续理论中不止一次地表达出对泛心论及泛原心论的青睐，他借鉴罗素的内在本质论力图发展出与自然主义相融合的泛心论观点，认为这是最具吸引力同时也是最有希望的意识自然化理论。

一 物理主义与二元论

查尔默斯在《泛心论与泛原心论》一文中指出，物理主义、二元论与泛（原）心论之间的关系类似于"正反合"式的辩证发展过程，也就是说，泛（原）心论的提出以扬弃前两种理论为基础。因此，为了阐明泛（原）心论如何能够克服传统的理论困境，查尔默斯首先考察了物理主义和二元论的基本主张及其所面临的主要挑战。

在考察开始之前，我们有必要明晰查尔默斯在论述中所涉及的相关概念。在物理概念方面，微观物理属性指物理学所描述的基础的物理属性；微观物理实存物同样是指基础的物理实存物，但除了"微观"这种表述方式外，并不要求这些实存物在实际大小上是微观的；微观物理事实就是关于微观物理实存物所例示的微观物理属性的正面事实；在微观物理基础上的是与之对应的宏观物理属性、实存物及事实。在意识经验概念方面，现象属性描述了"成为一个意识主体是怎样一回事"，最为熟悉的一种现象属性是关于现象意识的属性，例如，现象的红色描绘了当我们经验红色时所具有的意识经验，而当一个实存物有那种意识经验时，它就具有现象红色的属性；现象事实是关于现象属性的倾向的正面事实，即关于"成为各种实存物是怎样一回事"的事实。可见，查尔默斯在对意识理论的考察过程中，既区分了物理和意识方面，又区分了微观和宏观层次。按照上述概念划分，查尔默斯重新界定了物理主义和二元论在意识问题上的核心观点，认为前者主张所有的现象事实都以微观物理事实为基础，后者则主张现象事实并非都以微观物理事实为基础。[①]

如前所述，无法对意识问题作出令人满意的解释，是当前物理主义所面临的主要难题。对此，可设想性论证、知识论证、解释性论证等反物理主义论证，分别从不同角度否认了现象领域和物理领域之间的认识性关系，从而证明意识抵制物理主义的解释。以可设想性论证为例，P 代表关于世界的完备的微观物理事实，Q 代表任意的现象属性，该论证可以具体表述为：

（1）$P \wedge \neg Q$ 是可设想的。

（2）如果 $P \wedge \neg Q$ 是可设想的，那么 $P \wedge \neg Q$ 是形而上学可能的。

（3）如果 $P \wedge \neg Q$ 是形而上学可能的，那么物理主义是错误的。

———————————————————————

（4）物理主义是错误的。

在可设想性论证中，怪人的可设想性能够支撑前提（1），即可以设想某种在微观物理上与我们完全相同却缺乏意识的怪人。前提（2）的理论依据在于从可设想性到可能性的蕴涵关系，如前所述，查尔默斯通过二维语义学论证了这种模态判断的有效性。如果 $P \wedge \neg Q$ 是形而上学可能的，那么 P 并不是在形而上学上必然地需要 Q，也就是说 Q 并不一定以 P 为基础，这意味着物理之外存在新的基础属性即意识，因此前提（3）成立，物理主义是错误的。简而言之，如果缺乏意识的怪人世界是形而上学可能的，那么意识是非物理的。

———————————————————————

① 参见 Chalmers, David J., "Panpsychism and Panprotopsychism", forthcoming, retrieved from https://consc.net/ papers/panpsychism. pdf。

　　当然，物理主义者并不认同包括可设想性论证在内的反物理主义论证，他们通过不同的物理主义立场对此作出回应。A 型物理主义否认存在相关的认识论鸿沟，认为意识中不包含任何功能以外的成分需要进一步解释，因此怪人及怪人世界是不可设想的，这种观点通常表现为取消主义、类型同一论以及还原的功能主义。B 型物理主义承认存在难以弥合的认识论鸿沟，但否认更深层的本体论鸿沟，认为意识不同于任何物理的或功能的属性，但意识与物理在本体论上是同一的，因此怪人及怪人世界虽然是可设想的但并非形而上学可能的，这种观点通常表现为各类非还原物理主义。然而，这两种回应本身也存在很大争议。A 型物理主义主张对意识的功能分析而否认意识的难解问题，这明显与关于意识的直觉相违背。B 型物理主义要求意识与物理之间的同一性是一种原始的必然关系，这种桥梁定律不仅是神秘的而且在一定程度上动摇了物理主义的基本精神。总而言之，对于可设想性论证所提出的挑战，物理主义始终没有给出合理的解决方案。

　　上述反物理主义论证不仅对物理主义构成威胁，更为二元论提供了理论基础。然而，这并不意味着传统的二元论就能够胜任对意识问题的解释，二元论本身也面临各种理论困境，其中以心物因果作用问题最为突出，这一问题可以简要概括为反二元论的因果论证（causal argument）：

　　（1）现象属性与物理事件之间具有因果联系。

　　（2）所有物理事件都能通过物理术语得到充分的解释。

　　（3）如果所有物理事件都能通过物理术语得到充分的解释，那么所有在因果上与物理相关的属性本身都以物理属性为基础。

　　（4）如果现象属性以物理属性为基础，那么物理主义是正确的。

　　（5）物理主义是正确的。

在因果论证中，前提（1）以直觉为依据，通过日常观察人们很自然地相信感受经验与行为反应之间有因果作用。前提（2）来自物理领域的因果闭合原则，在物理系统中每一个物理事件都有另一个物理事件作为其原因。前提（3）以反对因果过决定为理论依据，即任何事件不能具有两个或两个以上的在任何时刻都同时发生的不同的充足理由。前提（4）基于对物理主义的定义。综合上述前提，按照物理世界的因果闭合原则以及排他性原则，如果现象属性是物理事件的原因，那么现象属性要么同一于物理属性，要么以物理属性为基础，物理世界的因果链条没有为意识经验空出任何位置。

同样，这种反二元论的因果论证也遭到不同二元论立场的抵制。在副现象论看来，反直觉并不构成支持前提（1）的充足理由，通过心理物理法则也能解释这种直觉上的因果关系。交互论则拒绝前提（2）所主张的物理的因果闭合原则，认为量子交互作用论已向我们证明意识在物理系统中的潜在因果作用。尽管这两种理论提出了合理的反驳意见，但其自身的二元论主张也都饱受争议。如前所述，副现象论剥夺了意识的因果效力，使现象属性和物理属性之间仅剩十分薄弱的单向因果关系，极大地削弱了意识经验存在的意义。交互论对基础物理法则的反驳仅以现有的量子力学假设为基础，这种理论的真实性以及可行性都有待长期考察。可见就目前而言，二元论无法妥善处理因果论证所带来的问题。

综上所述，可设想性论证否定了物理主义并为二元论奠定了基础，因果论证驳斥了二元论并捍卫了物理主义的基础法则。在意识问题上，物理主义与二元论的核心观点相互对立且都面临不可调和的根本问题，这两种理论都不能为意识的自然化提供恰当的路径。

二 泛心论与泛原心论

鉴于物理主义和二元论在意识问题上的双双失效，意识既不可还原为物理又不在物理之外，于是查尔默斯将目光投向泛心论，主张意识位于基础的物理实存物之中。在他看来，泛心论意味着意识经验包括宏观和微观两个层面，宏观经验指人类或其他宏观实存物所具有的意识经验，因此宏观现象属性描述了"成为人类或其他宏观实存物是怎样一回事"；同理，微观经验指微观物理实存物所具有的意识经验，微观现象属性描述了"成为微观物理实存物是怎样一回事"，泛心论的核心就在于现象属性在微观层面的广泛存在。然而就目前而言，人们对于微观经验和微观现象属性知之甚少，也并非每一种泛心论形式都能实现意识的自然化，因此查尔默斯首先考察了各种泛心论立场对于意识与物理、宏观与微观之间关系的论述。

按照宏观经验与微观经验之间的关系，查尔默斯区分了组成型泛心论（constitutive panpsychism）与非组成型泛心论。组成型泛心论认为宏观经验整体的或部分的以微观经验为基础，也就是说，微观经验或微观经验连同结构属性以某种方式组合产生了宏观经验。非组成型泛心论则认为宏观经验是从微观经验或微观物理中突现出来的，微观经验不是宏观经验的基础。这种突现的泛心论观点主张，微观现象和宏观现象之间不存在组合或构成关系，物理属性和现象属性之间的关联依赖于某种自然法则。可见，非组成型泛心论在本质上与传统的二元论相同，确保物理结构和意识经验之间必然联系的仅仅是自然法则，而非结构性的逻辑关联，这种泛心论依旧面临心物之间的因果作用问题。因此查尔默斯更倾向于组成型泛心论。

按照物理属性和现象属性之间的关系，查尔默斯区分了罗素式泛心论（Russellian panpsychism）与非罗素式泛心论。罗素的内在本质论主张，物理学只是依据抽象的结构和关系来描述其基本属性，但没有解释这些属性的内在本质或实质（quiddities），而这种实质是微观物理倾向的范畴基础。据此罗素式泛心论认为，物理世界的内在本质就是微观现象属性，它处于微观物理的基础性范畴方面，是微观物理倾向和微观物理结构的基础。而非罗素式泛心论则并不认同微观现象属性扮演了微观物理角色，而认为微观现象属性和微观物理网络中的属性存在很大区别。这种观点同样面临心物因果作用问题，因而查尔默斯在两者中更倾向于罗素式泛心论。

综合上述泛心论立场，查尔默斯认为最恰当同时也是最有希望的意识自然化理论是组成型罗素式泛心论（constitutive Russellian panpsychism）。在这种泛心论形式中，一方面，微观现象属性作为物理倾向的范畴基础而与微观物理属性相连；另一方面，微观现象属性又作为宏观现象属性的基础而组合产生了意识经验。简而言之，微观经验既扮演了微观物理角色又组成了宏观经验。查尔默斯指出："按照这种观点，世界在基础层面由具有微观现象属性的基础实存物构成，这些微观现象属性依据基础规律相互关联，它们的结构就像物理规律所描述的那样。而正如微观物理结构构成了宏观物理领域一样，微观现象的结构也构成了宏观现象领域。"① 这种组成型罗素式泛心论的理论界限十分模糊，主要取决于在何种程度上使用"物理"一词。狭义的物理属性指微观物理实存物的结构属性，广义的物理属性包括结构属性和物理的实质即内在属性，因此狭义的物理主义认为现象事实以微观物理事实为基础，而广义的物理主义则认为现象事实以微观物理事实和实质为基础。可见，组成型罗素式泛

---

① Chalmers, David J. , "Panpsychism and Panprotopsychism", forthcoming, retrieved from https: //consc. net/ papers/panpsychism. pdf.

心论与狭义物理主义相矛盾，但却是广义物理主义的一种形式，这使得它可以划分至物理主义或二元论中的任意一方。鉴于这种理论立场的中立性，在查尔默斯看来，组成型罗素式泛心论能够有效地避免物理主义和二元论各自面临的问题，即反物理主义的可设想性论证和反二元论的因果论证。

可设想性论证假设存在缺乏意识的怪人或怪人世界，按照上述划分，狭义物理属性和广义物理属性分别对应于两种不同类型的怪人。前者称为"结构的怪人"（structural zombies），因为它们所复制的仅仅是相关的物理结构；后者称为"绝对的怪人"（categorical zombies），它们在物理结构之外还复制了基础的内在属性。结构的怪人符合人们通常对于怪人的设想，但没有理由认为绝对的怪人是可设想的，因为我们对于如何复制物理的内在本质一无所知。可见，可设想性论证能够最大限度地破坏狭义的物理主义，但并不足以破坏广义的物理主义，因而也就无法对组成型罗素式泛心论构成威胁。此外，组成型罗素式泛心论还克服了二元论所面临的心物因果作用问题。一方面，按照罗素式泛心论，微观现象属性在物理学中扮演了最根本的因果角色，这种因果关系不仅没有违反任何物理法则，反而是所有物理的因果关系的基础。另一方面，按照组成型泛心论，宏观经验继承了微观经验的因果关系，也就是说宏观经验以微观经验为其原因，因果排他性并不适用于层级之间的构成性关系。总而言之，在组成型罗素式泛心论中，微观经验具有明显的因果作用，而微观经验组成宏观经验，因此宏观经验也对物理世界有因果作用。可见，仅依靠狭义物理属性的因果解释是不完整的，包含内在属性的广义物理领域才有可能是因果闭合的，因此因果论证只能证明广义物理主义的正确性，同样无法对组成型罗素式泛心论构成威胁。

为了深化完善这种意识理论，查尔默斯更进一步追溯至原现象层面。原现象属性不是现象属性，但能按照恰当的结构排列组成现象属性，因此泛原心论主张基础的物理实存物具有原现象属性。与泛心论相同，查尔默斯将泛原心论也划分为三种类型，并同样倾向于支持组成型罗素式泛原心论，即认为原现象属性是物理世界的内在属性，同时宏观现象属性以原现象属性为基础。在他看来，组成型罗素式泛原心论也能够消解可设想性论证和因果论证，从而避免物理主义和二元论所面临的两难困境。①

综上所述，查尔默斯的泛心论和泛原心论（或统称为 F 型一元论）对意识的阐释都诉诸内在本质，通常被视为罗素一元论在当代心灵哲学中的延续。两种理论都认为，意识经验不是以单纯的结构属性为基础，而是以物理的结构属性和实质为基础，这种实质或内在本质既可以是泛心论所主张的"现象属性"，也可以是泛原心论所主张的"原现象属性"。尽管我们对于现象属性特别是原现象属性知之甚少，泛心论与泛原心论也仅是推测性的，但就理论形式的恰当性和相较于其他意识理论的优越性而言，这条意识自然化进路可能是最终突破意识难题、为意识在自然中找到合适位置的最佳方案。

三　组合问题

不难看出，不论是内格尔的"泛心论的双面理论"还是查尔默斯的"组成型罗素式泛（原）心论"，都主张意识根源于基础的物理实存物的内在属性，即原—心灵属性或（原）现象属性。

然而内格尔明确指出，我们无法回答这种原—心灵属性如何能够与其他属性一同构成复杂且统一的意识经验，即如何在泛心论下确保意识的统一性。内格尔认为，这种"构成"问题是我们难以理

---

① 以下凡涉及查尔默斯所主张的泛（原）心论，均指组成型罗素式泛（原）心论。

解的，心灵事件也许在时间上是可分的，但在空间上通常是不可划分的，我们不知道心灵是否像物理一样存在部分与整体的关系，以至于原始的心灵属性能够组合构成完全不同的经验形式；反过来，我们也很难想象一个完整的心灵事件如何分解退回到最初的原—心灵属性。即便我们能够回答上述问题，泛心论仍然面临巨大的挑战：原—心灵属性的组合或构成对应着空间复杂性，心灵状态因此可能是与大脑同样复杂的某种事物的状态，于是这种心灵状态的统一性就变得尤为棘手。我们很自然地把自我看作心理上统一的范例，认为一个单个的人由一个心灵控制，它能确保意识的统一性。如果我们的心灵事件是复杂的，整体的心灵过程是由分散在大脑各处的原始心灵属性组合而成的，那我们很难确定这种组合而成的心灵的意识会是统一的。在内格尔看来，就大脑的两半部分而言，理解这一点已颇为困难，对此他曾详细地讨论过大脑的对切①与意识的统一。按照斯佩里（Roger Sperry）等人的研究，"裂脑人"的左右脑半球可以各自独立地感知刺激并作出反应，这意味着他们的意识似乎是分裂的②。内格尔否认由此能够得出同时存在两个心灵或两种意识状态，但承认这种情况确实会造成对意识统一性的质疑，他认为："未分离的脑半球在控制身体时的合作，要比一对分离的脑半球的合作

① 又称"裂脑"，指链接左右脑半球的大型神经纤维束即胼胝体（corpus callosum）被割裂，在医学中用作对某些癫痫病的特殊治疗。

② 不过，荷兰科学家平托等人在最新发表的《裂脑：感知会分裂，但意识不分裂》一文中，反对主张"裂脑人"意识分裂的传统观点，认为"即使大脑两半球之间不存在大规模的信息交流，并使得两半球相对独立，人也基本上能维持意识统一和反应协调。"当然，现有的实验研究还不足以得出明确的判断，仍然有待进一步确证。参见 Pinto, Yair et al., "Split brain: divided perception but undivided consciousness", 2017, retrieved from https://doi.org/10.1093/brain/aww358。

更有效更直接，但它仍然是合作。因此，即使我们用功能的整合来分析统一这个概念，我们自身的意识的统一可能并没有我们设想的那么明确。"① 可见，裂脑已经引起人们对单独的意识主体概念的怀疑，那么泛心论下的意识统一性问题就更加难以解答。总而言之，处于主观统一性框架内的心灵与处于客观的空间复杂性下的心灵，似乎难以调和于同一种理论之中。

同样，查尔默斯也注意到这一问题。按照组成型罗素式泛（原）心论的要求，微观经验及其他属性以某种恰当的方式组合产生了宏观经验，然而不同于当代科学对物理组合过程（即从原子粒子到宏观物体）的充分研究，我们很难想象分散的现象属性或原现象属性如何能够组合或构成复杂且统一的主体意识。对泛心论的这种质疑最早由詹姆斯在《心理学定律》一书中提出②，西格尔在《意识、信息与泛心论》一文中将此称之为"组合问题"③。对此，查尔默斯进一步指出组合问题的关键在于能否解释宏观经验的组合特征，包括主体的组合问题、性质的组合问题和结构的组合问题，这些问题对泛心论和泛原心论造成了极大困扰。④ 具体而言，泛心论面临主体与主体间的鸿沟（subject–subject gap），即微观主体如何组合产生宏观主体？泛原心论面临非现象与现象之间的鸿沟（nonphenomenal-

---

① Nagel, Thomas, "Brain Bisection and the Unity of Consciousness", *Mortal Questions*, Cambridge: Cambridge University Press, 1979, p. 164.

② 参见 James, William, *Principles of Psychology*, London: McMillan and Co., Ltd, 1890, pp. 160–161。

③ 参见 Seager, William, "Consciousness, Information, and Panpsychism", in Jonathan Shear(ed.), *Explaining Consciousness: The Hard Problem*, Cambridge, Mass.: MIT Press, 1997。

④ 参见 Chalmers, David J., "The Combination Problem for Panpsychism", forthcoming, retrieved from https://consc. net/papers/combination. pdf。

phenomenal gap），或进一步追溯至非性质与性质之间的鸿沟（non-quality-quality gap），即非性质的原现象属性如何组合产生包含感受性质的现象属性？此外，泛心论和泛原心论还同时面临结构上的组合问题，即微观现象结构（和微观物理结构）如何组合产生宏观现象结构？而查尔默斯所主张的罗素式观点更是面临结构不匹配问题（structural mismatch problem），由于微观现象属性是微观物理实存物的内在本质，微观现象结构与微观物理结构是同构的（isomorphic），那么任何由微观现象结构（和微观物理结构）所组成的宏观现象结构都同构于由微观物理结构所组成的宏观物理结构。然而事实上，视觉经验的结构不同于大脑的结构，因此宏观现象结构与宏观物理结构之间并不相同。①

　　为了摆脱组合问题的困扰，有学者主张现象属性是高阶物理倾向的内在属性，而不一定是微观物理实存物的内在属性。然而按照这种观点，高阶的内在属性不是由低阶的内在属性构成的，而微观物理世界又是因果闭合的，因此现象属性作为高阶的内在属性再次沦为副现象。如果选择否认微观物理的因果闭合原则，主张微观物理层面也具有现象属性，那么这种观点则难以与交互论相区分。在查尔默斯看来，组合问题的产生主要源于人们试图按照"部分—整体"的物理组合方式来考察意识经验，然而事实上这两者的组合方式很可能是截然不同的。他认为经验之间的构成关系更类似于信息之间的组合方式，"也许微观现象属性构成宏观现象的方式，是以它们在信息结构上的连接而非它们在时空结构上的连接。"② 也就是说，

---

① 需要强调的是，此处的非同构性与"结构一致性定律"并不冲突，反而是该定律产生的基础。

② Chalmers, David J., *The Conscious Mind: In Search of a Fundamental Theory*, New York: Oxford University Press, 1996, p. 307.

宏观现象的结构不同于宏观物理在空间或性质上的结构，而是与大脑中的某种信息结构相一致，例如我们的视觉经验的结构对应于大脑中的视觉信息的结构。这种观点实际上就是查尔默斯所主张的"结构一致性定律"，即意识的结构与相应物理过程中信息加工的结构（觉知的结构）之间的一致性。可见，心理物理法则同样适用于查尔默斯的泛（原）心论观点。

当然，借助信息论只是解决组合问题的其中一种可能方式，西格尔则主张借助量子力学说明意识经验的组合原则。西格尔指出，双缝实验表明量子整体并不是它们的部分的总和而是状态的叠加，与此相同，宏观经验也并非微观现象要素的简单组合而完全是一种新的意识经验，因此他认为"量子同调性（quantum coherence）可能是更为复杂的意识状态的基础"[①]。很显然，不论是借助信息论还是量子力学，对组合问题的现有解释仅停留于理论设想层面，目前仍无法对这一问题能否解决作出定论。然而鉴于其他意识理论的明显缺陷，查尔默斯认为组成型罗素式泛（原）心论承诺了一种更综合、更恰当的自然观，为科学与哲学在意识研究领域的深入结合提供了更广阔的平台。

---

① Seager, William, "Consciousness, Information, and Panpsychism", in Jonathan Shear (ed.), *Explaining Consciousness: The Hard Problem*, Cambridge, Mass.: MIT Press, 1997, p. 282.

结　论

从自然主义二元论到组成型罗素式泛（原）心论，查尔默斯对意识自然化进路的探索经历了一个反思发展的过程。以严肃地对待意识和严肃地对待科学为前提，查尔默斯先后考察借鉴了物理主义与二元论、突现论与泛心论、双面理论与中立一元论，通过权衡每种理论的利弊以及各组理论间的关系，力图为意识和物理在自然世界中的整合提供最恰当的理论形式。

一方面，查尔默斯尝试在物理主义和二元论之间开辟出一条中间道路。毫无疑问，查尔默斯的意识理论在本质上是二元论的，意识的难解问题已明确指出物理主义在行为性和功能性描述之外的解释空白，意识必须作为非物理的基础特征引入自然世界。然而，意识经验的非还原性及其独立的本体论地位，并不意味着存在与物理实体相并列的意识实体，意识在本原上仍旧依赖于物理基质。可见，查尔默斯主张属性上的二元论，因为他只承认物理的实存物，但又强调基础的物理层面存在现象属性或构成了现象属性的原现象属性，它们作为意识的基础无法还原为物理属性。正是这种属性上的两面性使查尔默斯的意识理论有别于传统的二元论，能够尽可能地吸纳物理主义中的合理成分，从而实现对物理主义和传统二元论的超越。

另一方面，查尔默斯试图以中立一元论融合双面理论与泛心论。

查尔默斯的双面理论不仅涉及心灵与物理之间的心物关系，更强调现象的心灵与心理的心灵之间的心心关系。他将意识对物理的依赖性具体限定在意识与功能组织之间，认为意识产生于大脑的功能组织，意识的结构与觉知的结构相一致，心理物理法则确保了这两个领域之间的合法联系。但是这种双面理论并没有进一步解释意识为何必然地出现于物理有机体之中，如果现象属性只是物理系统的突现属性，那么意识将沦为毫无因果效力的副现象，这显然与意识自然化的目标相去甚远。因此，查尔默斯在双面理论的基础上引入罗素一元论，主张现象或原现象属性既是基础物理实存物的内在属性，同时又能以恰当的方式组合产生宏观的意识经验。这种泛（原）心论观点保留了微观物理的因果闭合性，也承认意识在物理世界中的因果作用，从而避免了副现象论的困境。

简而言之，为了建构科学的意识理论，查尔默斯一方面要求克服物理主义和传统二元论的理论困境，另一方面主张融合属性二元论、罗素一元论和泛心论的理论立场。前者侧重于将意识作为非物理的基础特征引入自然世界，后者则为意识与物理在自然世界中的整合提供了更恰当的方案。结合这两方面的意识理论研究，查尔默斯最终在修正自然主义二元论的基础上提出组成型罗素式泛（原）心论，尽管这种理论本身也面临至今难以克服的组合问题，但他认为就理论形式的恰当性和相较于其他意识理论的优越性而言，组成型罗素式泛（原）心论是最具吸引力同时也是最有希望的意识自然化进路。

不难看出，查尔默斯试图在意识理论与哲学和科学的诸多问题之间建立起紧密的联系，其意识理论是在批判考察已有意识自然化路径的基础上，对意识难解问题作出的尝试性解释，因而既具继承性又具开创性，在当代心灵哲学领域引发了前所未有的广泛讨论。

对此，支持者认为查尔默斯的意识理论尽管带有二元论色彩，但在理论动机和理论主张上都尽可能地与当代科学保持一致，从而撼动了长期占据主导地位的物理主义传统，开创了意识研究的新局面。反对者则认为其意识理论虽然立意新颖却难以自圆其说，与物理主义相比不存在明显的理论优势。首先，查尔默斯对"直觉"的认可前后不一，在论证中时而依赖直觉时而又主张直觉不足以作为充足理由。其意识理论以对意识经验的直觉为出发点，但其最终主张的泛心论却允许推论出"有意识的温控器"这样反直觉的结论。① 尽管查尔默斯强调对直觉的评价应基于理性和论证，但他在实际的评价中带有明显的主观性色彩，多次以直觉为依据推动其意识理论的发展，又多次以反直觉并非致命错误为理由回避其意识理论的缺陷。其次，查尔默斯通过引入心理物理法则确保意识理论的科学性，认为新的意识理论只是对原有物理理论的增补，两者之间不存在干扰或矛盾。这种观点实则扩充了现有的自然科学理论，然而推动物理学或科学理论发展属于科学家的工作范畴，哲学家无权越过界限增减基础的物理理论。这种为了适应意识理论而去修正自然世界基础法则的方法，实际上无异于削足适履。最后，查尔默斯的意识理论带有浓烈的形而上学色彩，大多停留在初步的理论设想方面而缺乏翔实的科学实验依据，因而不可避免地遭受质疑甚至被视为空想。

不论是哲学研究还是科学研究，都是意识理论研究的重要方面。哲学家无须过多干涉对意识的神经基础的研究，与此同时，对意识的哲学研究也不会随着脑科学的发展而完全丧失自己的疆域，两者

---

① Chalmers, David J. , *The Conscious Mind: In Search of a Fundamental Theory*, New York: Oxford University Press, 1996, pp. 293 – 297.

的研究目标和意义分属于不同层次但都不可或缺。当然，哲学家应当更多地了解、借鉴关于意识的科学研究成果，在此基础上更全面地考察、批判和反思哲学的意识理论研究。正是基于科学与哲学在意识领域的这种结合，查尔默斯开辟了意识自然化的新进路，并为未来更为全面和深入的意识理论研究奠定了坚实的基础。

参考文献

一 外文文献

1. Alexander, Samuel. (1920). *Space, Time, and Deity*. London: Macmillan.

2. Armstrong, D. M. (1968). *A Materialist Theory of the Mind*. London: Routledge and Kegan Paul.

3. Bedau, Mark A. (1997). "Week Emergence". *Philosophical Perspectives*, 11.

4. Block, Ned. (1980). "Troubles with Functionalism". In Ned Block (ed.), *Readings in Philosophy of Psychology*. Vol. 1. Cambridge, Mass.: Harvard University Press.

5. Brentano, Franz. (1995). *Psychology Form an Empirical Standpoint*. 2nd ed. A. Rancurelio et al. (trans.). Oxford: Routledge.

6. Broad, C. D. (1925). *The Mind and Its Place in Nature*. London: Routledge and Kegan Paul.

7. Caro, Mario De and Macarthur, David (eds.). (2004). *Naturalism in Question*. London: Harvard University Press.

8. Chalmers, David J. (1995). "Facing Up to the Problem of Consciousness". *Journal of Consciousness Studies*, 2(3).

9. Chalmers, David J. (1996). *The Conscious Mind: In Search of a Fundamental Theory*. New York: Oxford University Press.

10. Chalmers, David J. (1997). "Moving Forward on the Problem of Consciousness". *Journal of Consciousness Studies*, 4(1): 3 – 46. Reprinted in Jonathan Shear (ed.), *Explaining Consciousness: The Hard Problem*. Cambridge, Mass. : MIT Press, 1997.

11. Chalmers, David J. (1999). "Materialism and the Metaphysics of Modality". *Philosophy and Phenomenological Research*, 59(2).

12. Chalmers, David J. (2002). "Does Conceivability Entail Possibility?". In Tamar S. Gendler and John Hawthorne(eds.), *Conceivability and Possibility*. New York: Oxford University Press.

13. Chalmers, David J. (2003). "Consciousness and Its Place in Nature". In Stephen. P. Stich and Ted. A. Warfield(eds.), *The Blackwell Guide to the Philosophy of Mind*. Oxford: Blackwell. " Reprinted " in David J. Chalmers (ed.), *Philosophy of Mind: Classical and Contemporary Readings*. New York: Oxford University Press, 2002.

14. Chalmers, David J. (2004). "How Can We Construct a Science of Consciousness?". In Michael Gazzaniga(ed.), *The Cognitive Neurosciences III*. 3rd ed. Cambridge, Mass. : MIT Press.

15. Chalmers, David J. (2006a). " Strong and Weak Emergence " . In P. Clayton and P. Davies(eds.), *The Re-Emergence of Emergence*. New York: Oxford University Press.

16. Chalmers, David J. (2006b). "Two-Dimensional Semantic". In Ernest Lepore and Barry C. Smith(eds.), *The Oxford Handbook of Philosophy of Language*. New York: Oxford University Press.

17. Chalmers, David J. (2013a). "Panpsychism and Panprotopsychism". Forthcoming.

18. Chalmers, David J. (2013b). "The Combination Problem for Panpsy-

chism". Forthcoming.

19. Churchland, Patricia. (1986). *Neurophilosophy: Toward a Unified Science of the Mind-Brain.* Cambridge, Mass. : MIT Press.

20. Churchland, Paul. (1981). "Eliminative Materialism and the Propositional Attitudes". *The Journal of Philosophy*, 78(2) : 67 – 90. Reprinted in William G. Lycan(ed.), *Mind and Cognition: An Anthology.* Oxford: Blackwell, 1990.

21. Churchland, Paul. (1994). "Folk Psychology". In Samuel Guttenplan (ed.), *A Companion to the Philosophy of Mind.* Oxford: Blackwell.

22. Clifford, William. (1886). "Body and Mind". In Leslie Stephen and Frederick Pollock(eds.), *Lectures and Essays.* London: Macmillan.

23. Collins, Robin. (2008). "Modern Physics and the Energy-Conservation Objection to Mind-Body Dualism". *American Philosophical Quarterly*, 45(1).

24. Crane, Tim. (2001). "The Significance of Emergence". In Carl Gillett and Barry Loewer(eds.), *Physicalism and Its Discontents.* Cambridge: Cambridge University Press.

25. Cudworth, Ralph. (1678). *The True Intellectual System of the Universe.* Part One. Whitefish: Kessinger Publishing.

26. Davidson, Donald. (1970). "Mental Events". In Lawrence Foster and Joe W. Swanson(eds.), *Experience and Theory.* London: Duckworth.

27. Davidson, Donald. (1993). "Thinking Causes". In John Heil and Alfred Mele(eds.), *Mental Causation.* Oxford: Clarendon Press.

28. Davidson, Donald. (2001). *Essays on Actions and Events.* 2nd ed. Oxford: Oxford University Press.

29. Descartes, René. (1986). *Meditations on First Philosophy.* John Cotting-

ham(trans.). Cambridge: Cambridge University Press.

30. Epstein, Robert. (2016). "The Empty Brain". Retrieved from https://aeon. co/essays/your – brain – does – not – process – information – and – it – is – not – a – computer.

31. Feigl, Herbert. (1958). "The 'Mental' and the 'Physical' ". In Herbert Feigl, Michael Scriven and Grover Maxwell(eds.), *Concepts, Theories, and the Mind-Body Problem.* Minnesota Studies in the Phiosophy of Science. Vol. 2. Minneapolis: University of Minnesota Press.

32. Fodor, Jerry. (1983). *The Modularity of Mind.* Cambridge, Mass. : MIT Press.

33. Fodor, Jerry. (1986). "Banish Discontent". In Jeremy Butterfield(ed.), *Language, Mind and Logic.* Cambridge: Cambridge University Press. Reprinted in William G. Lycan(ed.), *Mind and Cognition: An Anthology.* Oxford: Blackwell, 1990.

34. Gendler, Tamar S. and Hawthorne, John(eds.). (2002). *Conceivability and Possibility.* New York: Oxford University Press.

35. Goff, Philip; Seager, William and Allen-Hermanson, Sean. (2022). "Panpsychism". In Edward N. Zalta(ed.), *The Stanford Encyclopedia of Philosophy* (Summer 2022 Edition). Retrieved from https://plato. stanford. edu/entries/panpsychism.

36. Goldman, Alvin I. (1993). "The Psychology of Folk Psychology". *Behavioral and Brain Sciences*, 16(1).

37. Gordon, Robert M. (1986). "Folk Psychology as Simulation". *Mind & Language*, 1(2).

38. Hawking, Stephen. (1988). *A Brief History of Time.* New York: Bantam Books.

39. Hellman, Geoffrey. (1985). "Determination and Logical Truth". *The Journal of Philosophy*, 82(11).

40. Hempel, Carl G. (1980). "The Logical Analysis of Psychology". In Ned Block(ed.), *Readings in Philosophy of Psychology*. Vol. 1. Cambridge, Mass.: Harvard University Press.

41. Hodgson, David. (1991). *The Mind Matters: Consciousness and Choice in a Quantum World*. Oxford: Oxford University Press.

42. Hodgson, David. (1997). "The Easy Problems Ain't So Easy". In Jonathan Shear(ed.), *Explaining Consciousness: The Hard Problem*. Cambridge: MIT Press.

43. Horgan, Terence and Woodward, James. (1985). "Folk Psychology is Here to Stay". *The Philosophical Review*, 94(2): 197 – 226. Reprinted in William G. Lycan(ed.), *Mind and Cognition: An Anthology*. Oxford: Blackwell, 1990.

44. Jackson, Frank. (1982). "Epiphenomenal Qualia". *The Philosophical Quarterly*, 32(127).

45. Jackson, Frank. (1986). "What Mary Didn't Know". *The Journal of Philosophy*, 83(5).

46. Jackson, Frank. (1994). "Armchair Metaphysics". In John O'Leary – Hawthorne and Michaelis Michael(eds.), *Philosophy in Mind*. Dordrecht: Kluwer.

47. Jackson, Frank. (2003). "Mind and Illusion". In Anthony O'Hera (ed.), *Minds and Persons*. Cambridge: Cambridge University Press.

48. James, William. (1980). *Principles of Psychology*. London: McMillan and Co., Ltd.

49. Kaplan, David. (1978). "Dthat". In Peter Cole(ed.), *Syntax and Se-*

mantics. Vol. 9. New York: Academic Press.

50. Kim, Jaegwon. (1984). "Concepts of Supervenience". *Philosophy and Phenomenological Research*, 45(2).

51. Kim, Jaegwon. (1987). "'Strong' and 'Global' Supervenience Revisited". *Philosophy and Phenomenological Research*, 48(2).

52. Kim, Jaegwon. (1989). "The Myth of Nonreductive Materialism". *Proceedings and Addresses of the American Philosophical Association*, 63(3).

53. Kim, Jaegwon. (1990). "Supervenience as a Philosophical Concept". *Metaphilosophy*, 21(1 – 2).

54. Kim, Jaegwon. (2005). *Physicalism, or Something Near Enough*. Princeton: Princeton University Press.

55. Kim, Jaegwon. (2011). *Philosophy of Mind*. 3rd ed. Boulder: Westview Press.

56. Kripke, Saul A. (1980). *Naming and Necessity*. Cambridge, Mass. : Harvard University Press.

57. Leibniz, Gottfried Wilhelm. (1973). "Monadology". In Mary Morris and G. H. R. Parkinson(trans.), G. H. R. Parkinson(ed.), *Leibniz: Philosophical Writings*. London: J. M. Dent and Sons.

58. Levin, Janet. (2023). "Functionalism". In Edward N. Zalta & Uri Nodelman(eds.), *The Stanford Encyclopedia of Philosophy* (Summer 2023 Edition). Retrieved from https://plato. stanford. edu/entries/functionalism.

59. Levine, Joseph. (1983). "Materialism and Qualia: The Explanatory Gap". *Pacific Philosophical Quarterly*, 64(4).

60. Levine, Joseph. (2001). *Purple Haze: The Puzzle of Consciousness*. Oxford: Oxford University Press.

61. Lewes, George Henry. (1875). *The Problems of Life and Mind.* First Series: The Foundations of a Creed. Vol. 2. London: Kegan Paul, Trench, Trubner.

62. Lewis, David. (1980). "Mad Pain and Martian Pain". In Ned Block (ed.), *Readings in the Philosophy of Psychology.* Vol. 1. Cambridge, Mass.: Harvard University Press.

63. Lockwood, Michael. (1989). *Mind, Brain, and the Quantum.* Oxford: Blackwell.

64. Ludlow, Peter, Nagasawa, Yujin and Stoljar, Daniel (eds.). (2004). *There's Something about Mary: Essays on Phenomenal Consciousness and Frank Jackson's Knowledge Argument.* Cambridge, Mass.: MIT Press.

65. Lycan, William G. (ed.). (1990). *Mind and Cognition: An Anthology.* Oxford: Blackwell.

66. Lycan, William G. (2003). "Vs. a New a Priorist Argument for Dualism". *Philosophical Issues*, 13(1).

67. Lycan, William G. (2011). "Recent Naturalistic Dualisms". In Armin Lange et al. (eds.), *Light Against Darkness: Dualism in Ancient Miditerranean Raligion and the Contemporary World.* Göttingen: Vandenhoeck and Ruprecht.

68. Macdonald, Graham. (2006). "The Two Natures: Another Dogma?". In Cynthia Macdonald and Graham Macdonald (eds.), *McDowell and His Critics.* Oxford: Blackwell.

69. Malebranche, Nicholas. (1997). *Dialogues on Metaphysics and Religion.* David Scott (trans.), Nicholas Jolley (ed.). Cambridge: Cambridge University Press.

70. Maxwell, Grover. (1978). "Rigid Designtors and Mind – Body Identity".

In Wade Savage(ed.), *Perception and Cognition.* Minnesota Studies in the Phiosophy of Science. Vol. 9. Minneapolis: University of Minnesota Press.

71. McDowell, John. (2004). "Naturalism in the Philosophy of mind". In Mario De Caro and David Macarthur (eds.), *Naturalism in Question.* London: Harvard University Press.

72. Mills, Eugene. (1996). "Interactionism and Overdetermination". *American Philosophical Quarterly,* 33(1).

73. Moser, Paul K. and Trout, J. D. (1995). "General Introduction: Contemporary Materialism". In Paul K. Moser and J. D. Trout(eds.), *Contemporary Materialism: A Reader.* New York: Routledge.

74. Nagel, Ernest. (1961). *The Structure of Science.* Condon: Harcourt, Brace & World.

75. Nagel, Thomas. (1974). "What Is It Like to Be a Bat?". *Philosophical Review,* 83(4).

76. Nagel, Thomas. (1979). *Mortal Questions.* Cambridge: Cambridge University Press.

77. Nagel, Thomas. (1986). *The View from Nowhere* , New York: Oxford University Press.

78. Nagel, Thomas. (2002). *Concealment and Exposure,* Oxford: Oxford University Press.

79. Nagel, Thomas. (2012). *Mind and Cosmos: Why the Materialist Neo − Darwinian Conception of Nature is Almost Certainly False.* New York: Oxford University Press.

80. Olafson, Frederick A. (2001). *Naturalism and the Human Condition: Against Scientism.* New York: Routledge.

81. Papineau, David. (1993). *Philosophical Naturalism.* Oxford: Blackwell.

82. Papineau, David. (2023). "Naturalism". In Edward N. Zalta & Uri Nodelman(eds.), *The Stanford Encyclopedia of Philosophy*(Fall 2023 Edition). Retrieved from https://plato. stanford. edu/entries/naturalism.

83. Pinto, Yair et al. (2017). "Split brain: divided perception but undivided consciousness". Retrieved from https://doi. org/10. 1093/brain/aww358.

84. Place, U. T. (1956). "Is Consciousness A Brain Process?". *The British Journal of Psychology*, 47(1).

85. Premack, David and Woodruff, Guy. (1978). "Does the chimpanzee have a theory of mind?". *Behaviour and Brain Sciences*, 1(4): 515 – 526.

86. Putnam, Hilary. (1975a). "The Meaning of 'Meaning'". In Keith Gunderson(ed.), *Language, Mind, and Knowledge.* Minnesota Studies in Philosophy of Science. Vol. 7. Minneapolis: University of Minnesota Press.

87. Putnam, Hilary. (1975b). "Philosophy and Our Mental Life". In Hilary Putnam(ed.), *Mind, Language and Reality.* Philosophical Papers. Vol. 2. Cambridge: Cambridge University Press.

88. Putnam, Hilary. (1975c). "The Nature of Mental States". In Hilary Putnam(ed.), *Mind, Language and Reality.* Philosophical Papers. Vol. 2. Cambridge: Cambridge University Press.

89. Putnam, Hilary. (1988). *Representation and Reality.* Cambridge, Mass.: MIT Press.

90. Putnam, Hilary. (2004). "The Content and Appeal of 'Naturalism'". In Mario De Caro and David Macarthur(eds.), *Naturalism in Question.* London: Harvard University Press.

91. Quine, W. V. O. （1960）. *Word and Object*. Cambridge, Mass. : MIT Press.

92. Quine, W. V. O. （1969）. "Epistemology Naturalized". In *Ontological Relativity and Other Essays*. New York: Columbia University Press.

93. Robinson, Howard. （2003）. "Dualism". In Stephen. P. Stich and Ted. A. Warfield（ eds. ）, *The Blackwell Guide to the Philosophy of Mind*. Oxford: Blackwell.

94. Robinson, Howard. （2023）. "Dualism". In Edward N. Zalta & Uri Nodelman（ eds. ）, *The Stanford Encyclopedia of Philosophy* （Spring 2023 Edition）. Retrieved from https: //plato. stanford. edu/entries/dualism.

95. Russell, Bertrand. （1927）. *The Analysis of Matter*. London: Kegan Paul, Trench, Trubner.

96. Ryle, Gilbert. （1949）. *The Concept of Mind*. London: Hutchinson.

97. Searle, John. （1980）. "Minds, Brains, and Programs". *The Behavioral and Brain Sciences* , 3（3）.

98. Seager, William. （1995）. "Consciousness, Information, and Panpsychism". *Journal of Consciousness Studies*, 2（3）: 272 – 288. Reprinted inJonathan Shear（ ed. ）, *Explaining Consciousness: The Hard Problem*. Cambridge, Mass. : MIT Press, 1997.

99. Seager, William. （2009）. "Panpsychism". In B. P. McLaughlin et al. （ eds. ）, *The Oxford Handbook of Philosophy of Mind*. Oxford: Oxford University Press.

100. Seth, A. K. （2016）. "The Real Problem". Retrieved from https: //aeon. co/essays/the – hard – problem – of – consciousness – is – a – distraction – from – the – real – one.

101. Shear, Jonathan (ed.) . (1997) . *Explaining Consciousness: The Hard Problem*. Cambridge, Mass. : MIT Press.

102. Skrbina, David. (2003) . "Panpsychism as an Underlying Theme in Western Philosophy". *Journal of Consciousness Studies*, 10(3) .

103. Skrbina, David. (2007) . "Panpsychism". In James Fieser and Bradley Dowden(eds.) , *The Internet Encyclopedia of Philisophy* (2007 Edition) . Retrieved from https: //www. iep. utm. edu/panpsych.

104. Smart, J. J. C. (1959) . "Sensations and Brain Processes". *Philosophical Review*, 68(2) .

105. Spinoza, Benedictus de. (1985) . *The Ethics*. In Edwin Curley (trans. and ed.) , *The Collected Works of Spinoza*. Vol. 1. Princeton: Princeton University Press.

106. Stapp, Henry P. (1993) . *Mind, Matter, and Quantum Mechanics*. Berlin: Springer-Verlag.

107. Stich, Stephen. (1983) . *From Folk Psychology to Cognitive Science: The Case Against Belief*. Cambridge, Mass. : MIT Press.

108. Stoljar, Daniel. (2023) . "Physicalism". In Edward N. Zalta & Uri Nodelman(eds.) , *The Stanford Encyclopedia of Philosophy* (Summer 2023 Edition) . Retrieved from https: //plato. stanford. edu/entries/physicalism.

109. Stubenberg, Leopold and Wishon, Donovan. (2023) . "Neutral Monism". In Edward N. Zalta & Uri Nodelman(eds.) , *The Stanford Encyclopedia of Philosophy* (Spring 2023 Edition) . Retrieved from https: //plato. stanford. edu/entries/neutral-monism.

110. Tye, Michael. (1992) . "Naturalism and the Mental". *Mind*, 101(403) .

111. Tylor, Edward B. (1871) . *Primitive Culture*. Lodon: John Murray.

112. Wigner, Eugene P. (1961). "Remarks on the Mind-Body Question". In I. J. Good(ed.), *The Scientist Speculates*. London: Heinemann.

113. Wimmer, Heinz and Perner, Josef. (1983). "Beliefs about Beliefs: Representation and Constraining Function of Wrong Beliefs in Young Children's Understanding of Deception". *Cognition*, 13(1).

114. Wittgenstein, Ludwing. (1953). *Pilosophical Investigations*. G. E. M. Anscombe, (trans.). Oxford: Basil Blackwell.

115. Zhong, Lei. (2014). "Sophisticated Exclusion and Sophisticated Causation". *The Journal of Philosophy*, 111(7).

二　中文文献

1. 程炼：《作为元哲学的自然主义》，《科学文化评论》2012 年第 1 期。

2. 〔澳〕大卫·查尔默斯：《有意识的心灵：一种基础理论研究》，朱建平译，中国人民大学出版社，2012。

3. 高新民：《心灵与身体——心灵哲学中的新二元论探微》，商务印书馆，2012。

4. 高新民、储少华主编《心灵哲学》，商务印书馆，2002。

5. 刘明海：《心理与物理：心灵哲学中的物理主义探究》，科学出版社，2014。

6. 〔美〕杰拉尔德·埃德尔曼、〔美〕朱利欧·托诺尼：《意识的宇宙——物质如何转变为精神》，顾凡及译，上海科学技术出版社，2003。

7. 靳希平：《脑科学尚无法取代哲学的意识研究——〈意识的宇宙〉刍议》，《哲学动态》2016 年第 1 期。

8. 黄益民：《从语言到心灵：一种生活整体主义的研究》，江苏人民出版社，2014。

9. 〔美〕欧内斯特·内格尔：《科学的结构》，徐向东译，上海译文出版社，2005。

10. 〔美〕斯蒂芬·P·斯蒂克、〔美〕特德·A·沃菲尔德主编《心灵哲学》，高新民、刘占峰等译，中国人民大学出版社，2013。

11. 田平：《自然化的心灵》，湖南教育出版社，2000。

12. 〔美〕托马斯·内格尔：《人的问题》，万以译，上海译文出版社，2014。

13. 魏屹东、陈敬坤：《怪人假设与副现象论》，《世界哲学》2014 年第 2 期。

14. 叶峰：《为什么相信自然主义及物理主义》，载武汉大学哲学学院编《哲学评论》第 10 辑，武汉大学出版社，2012。

图书在版编目（CIP）数据

意识自然化的新进路：查尔默斯的意识理论研究／
成彬著 . --北京：社会科学文献出版社，2023.10（2024.12 重印）
ISBN 978 - 7 - 5228 - 2425 - 3

Ⅰ.①意… Ⅱ.①成… Ⅲ.①意识论 - 理论研究
Ⅳ.①B016.98

中国国家版本馆 CIP 数据核字（2023）第 165425 号

意识自然化的新进路
——查尔默斯的意识理论研究

著　者／成　彬

出 版 人／冀祥德
责任编辑／吕霞云
责任印制／王京美

出　　版／社会科学文献出版社·马克思主义分社（010）59367126
　　　　　地址：北京市北三环中路甲 29 号院华龙大厦　邮编：100029
　　　　　网址：www. ssap. com. cn
发　　行／社会科学文献出版社（010）59367028
印　　装／唐山玺诚印务有限公司

规　　格／开　本：787mm × 1092mm　1/16
　　　　　印　张：11.5　字　数：142 千字
版　　次／2023 年 10 月第 1 版　2024 年 12 月第 2 次印刷
书　　号／ISBN 978 - 7 - 5228 - 2425 - 3
定　　价／88.00 元

读者服务电话：4008918866